陳福成著

文學叢刊

廣州黃埔到鳳山黃埔——

44期畢業50週年暨黃埔建校建軍百年紀念

文史哲出版社印行

國家圖書館出版品預行編目資料

廣州黃埔到鳳山黃埔：44 期畢業 50 週年暨黃埔建校建軍百年紀念 / 陳福成著. -- 初版 -- 臺北市：文史哲出版社, 民 112.08
頁；　公分 --（文學叢刊；474）
ISBN 978-986-314-651-3（平裝）

1.CTS：黃埔軍校　2. .CTS：歷史

596.71　　　112012870

文學叢刊 474

廣州黃埔到鳳山黃埔

44 期畢業 50 週年暨黃埔建校建軍百年紀念

編　者：陳　福　成
出版者：文史哲出版社
http:// www.lapen.com.tw
e-mail：lapen@ms74.hinet.net
登記證字號：行政院新聞局版臺業字五三三七號
發行人：彭　正　雄
發行所：文史哲出版社
印刷者：文史哲出版社
臺北市羅斯福路一段七十二巷四號
郵政劃撥帳號：一六一八〇一七五
電話886-2-23511028・傳真886-2-23965656

定價新臺幣三四〇元

二〇二三年（民一一二）八月初版

ISBN 978-986-314-651-3　　10474

1 照 片

以下三圖：44 期同學參加「八百壯士」協會

（2023.03.18）

44 期福心會在國軍英雄館小聚（2023.元.03）

3 照片

以下四圖：44期福心會台大杜鵑花節賞花（2023.03.12）

5 照　片

筆者（左）與同學路復國合影
（2023.春　台中）

左起虞義輝、排長羅武雄、筆者、張哲豪、劉建民合影。(約 1969 年)

四位老同學於台中新社中興嶺合影。(約 1969 年)

序

我是一九六八年（民五七）八月三十一日，到鳳山陸軍官校預備班十三期報到，一九七一年（民六十）八月直升陸官四四期，到一九七五年（民六四）八月畢業。到二〇二五年（民一一四），就是我黃埔四四期同學畢業五十週年紀念。

陸軍官校於一九二四年（民十三），由國父孫中山先生創建於廣州黃埔，並任命蔣公中正為校長。黃埔建校建軍之宗旨，就是為救當時的中國，往後數年中國得以統一以及十四年抗戰得以勝利，是無數黃埔人犧牲生命所換來。今天的中國雖由中國共產黨所領導，中國確實已然繁榮強大，可以抗衡美國為首的西方帝國列強打壓，甚至令他們開始感到恐懼，這是了不起的成果。但難道不是當年黃埔人打下了「基礎」，助成今天的繁榮強大？

正當我四四期同學畢業五十週年、黃埔建校建軍一百年紀念，這是一個光榮偉大的日子。我期同學會早已在磨刀霍霍，準備著製作《陸官四四期畢業五十週年紀念冊》，寫作是我的日常功課，當然也要留下一本紀念，為這光榮偉大的日子頌揚，並表達個人看法，我予有榮焉！

「一入黃埔門、終身黃埔人」，這是所有黃埔人一輩子撕不掉的標誌；黃埔精神、宗旨、信念都植入每個黃埔人體內，成為生活和生命的基因。緣由於此，黃埔人就是堂堂正正的中國人，我們是中國的脊梁，我們是中華民族的忠魂，生為中國人，死為中國魂。我們所堅持的，多麼單純，不外六個字，中國的「繁榮、強大、統一」，這是「和平、奮鬥、救中國」現代版。

本書各章都是整理自各種文獻史料，並非全是創作。第七章在網路上流傳，第八章引自立委謝龍介發表在網路的作品，第九章錄自《黃埔校友會訊》。而第二篇諸多照片，除了當成紀念，也權充本書頁數。

第十章的詩作，原收在筆者詩集《幻夢花開一江山》（台北：文史哲出版社，二〇〇八年三月）。今用於本書，為追懷往昔難忘的「黃埔味」。

筆者所有已出版之著、編、譯作品，約已一百七十冊（含本書，如書末列表），都放棄個人版權所有權，贈為中華民族之文化公共財；凡在中國地區（含台灣）內，任何出版單位均可自由印行，不需筆者同意。如此願能，佳惠中華民族世世代代炎黃子民，廣為流傳，是我至願。

陸軍官校預備班十三期、正期44期
台北公館蟾蜍山萬盛草堂主人陳福成誌於
佛曆二五六六年　公元二〇二三年五月

廣州黃埔到鳳山黃埔——44期畢業50週年暨黃埔建校建軍百年紀念

目　次

第一篇
廣州黃埔到鳳山黃埔

黃埔軍校原址

中央陸軍官校南京本校

第一章　這麼多黃埔人殉國得以光復台灣

二〇二三年年春，新聞報導大陸要辦黃埔軍校百年校慶，號召在台灣的黃埔同學五百人前往參加。新聞見光，又引起兩岸政壇和各界大爭議，甚至引燃誰是「正統」的口水戰。據聞，有七個當過陸軍官校校長（在鳳山）的退役將軍，聯名發表一份〈聲明〉，說鳳山黃埔才是正統。我深入思考這樣的說法，覺得問題很大，便想用幾篇文章來探索，也當成我陸軍官校四十四期，畢業五十週年（一九七五到二〇二五年）的一個反思。

「鳳山黃埔」才是正統，是這樣嗎？當然是，鳳山黃埔當然是正統。但前述七位退役將軍的說法和獨派媒體另有言外之意，即大陸時期黃埔

（一期到二十二期）為「非正統」。這是從一九四九年做切割的二分法思維，此為正，彼為非；或此為非，彼為正的是非命題。

很明顯的，「鳳山黃埔才是正統」，那「大陸黃埔就是非正統」，這就違反了「黃埔精神一脈傳承」的優良傳統。老校長 蔣公在世時，在他的講話、訓詞中，不斷的強調黃埔精神從建校到台灣，都是一脈傳承，不可中斷。如此，黃埔人才永遠不忘建校建軍的宗旨。按「一脈傳承」，應該說廣州黃埔到鳳山黃埔都是正統。

然而，環境在變，人心也會變。從大漢奸李登輝開始搞「去中國化」，加上台獨偽政權幾十年洗腦，「中華民國」成了「中華民國台灣」，甚至政客故意講成「中華民國」等於「台灣」，台獨高官又已全面掌控國家權力，「一九四九年以前是不存在的」，或「已被作廢的往事」，成了普遍性認知。因此，鳳山黃埔才是正統，以前的（大陸時期黃埔）都是「非正統」。

身為黃埔人的一員，我感到很無奈、很悲哀、很痛苦，不吐不快。對日抗戰有數不清的黃埔人前輩殉國，才換得台灣省的光復，而今台灣政客們企圖割斷歷史與文化，把前輩黃埔人推入「非正統」。真是情何以堪！那些殉國前輩的後代，可能也是現在的台灣人或黃埔人，大家都沒有意見嗎？不反對也不批判嗎？

我再將抗戰殉國者「喚醒」，是否能也「喚醒」現在的台灣人？喚醒現在的新生代黃埔人，能喚醒一部分也是好的。

依據何應欽上將《日軍侵華八年抗戰史》統計，抗戰期間陸軍殉國、負傷、失蹤的官兵總計三百廿一萬一千四百十九人；空軍殉國官兵四千三百廿一人。在此列出事蹟有可查考的殉國將領，即忠烈祠入祀二百六十八人，名錄如後：

對日抗戰殉國國軍上將（依姓氏筆畫順序）

王銘章、佟麟閣、郝夢齡、陳安寶、唐淮源、張自忠、饒國華。共七人。

對日抗戰殉國國軍中將（依姓氏筆畫順序）

寸性奇、方叔洪、王甲本、王竣、王鳳山、王鳳閣、石作衡、朱世勤、朱鴻勳、吳克仁、李必蕃、李守維、李成林、李忍濤、李宜煊、李家鈺、李國良、李漢卿、周復、武漢卿、邵存誠、姜玉貞、段朗如、唐聚五、孫明瑾、徐鎮國、秦霖、翁達、馬玉仁、高致嵩、張培梅、張誠德、張維良、張謂行、張鵬飛、張鑾基、許國璋、陳烈、彭士量、馮安邦、萬舞、鄒洪、趙登禹、劉家麒、劉震東、樊釗、蔣志英、鄧鐵梅、鄭作民、蕭山令、賴傳湘、鮑剛、戴民權、戴安瀾、鍾毅、闞維雍。共五十六人。

對日抗戰殉國國軍少將（依姓氏筆畫順序）

丁永縉、于思元、毛岱鈞、王立業、王自衡、王松元、王保忠、王禹九、王庭蘭、王振東、王淦塵、王湘、王傳紱、王殿華、王劍岳、王輝武、王儒欽、司徒非、左權、任景讓、朱赤、朱炎輝、朱芝榮、朱家麟、江春炎、余子武、吳賡恕、吳繼光、呂公良、呂旃蒙、岑家焯、岑鏗、李文開、李文煥、李世平、李仲寰、李岐山、李果諶、李恒華、李春農、李席九、李紹嘉、李儉、李翰卿、李錦榮、李懷功、李蘭池、周元、周致中、周致遠、周鴻賓、宮惠民、易安華、林光偉、林英燦、武士敏、邱中度、邱毓楨、邵恩三、金光灼、金鏡清、姚中英、姚建新、姜宏勛、姜寶德、段捷三、洪鋤非、紀鴻儒、胡式禹、胡旭盱、胡金波、胡越、胡義賓、胡鳳林、苑培民、郁仁治、韋燦、夏子明、夏軍川、夏國璋、夏維禮、孫子高、孫堂臣、宮志沂、宰清雲、徐衍崑、徐積璋、柴意新、秦墉、袁聘之、馬文彩、馬威龍、高克敏、高志航、高道光、尉遲鳳崗、張人傑、張世惠、張成義、張利堂、張致廣、張能忍、張國基、張眾佩、張惠民、張景南、張植桴、張敬、張新階、張殿魁、張榮岡、張榮發、張劍虹、張慶樹、張穀中、張樹楨、張駿、張鏡遠、扈先梅、曹直正、梁鏡齋、梁鑑堂、莫肇衡、許金聲、郭如嵩、郭貽衍、郭懷翰、陳中柱、陳文杞、陳宗祀、陳飛龍、陳師洛、陳紹堂、陳德馨、陳範、陳濟烜、陳蘊瑜、陳鐘書、陸領、傅忠貴、傅楠、彭璋、黃永淮、黃英誠、黃啟東、黃梅興、黃禎泰、黃福臣、黃德興、楊生、楊秀峰、楊家騮、楊振西、楊傑、溫健公、萬金聲、葛子厚、路景榮、雷忠、廖孟仁、廖齡奇、趙侗、趙清廉、趙渭濱、趙翔之、趙銘、趙錫璋、齊學啟、劉金聲、劉眉生、劉桂五、劉啟文、劉景山、劉彰民、劉緯、蔡炳炎、鄧玉琢、鄧佐虞、鄧述恩、鄭廷珍、燕鼎九、盧尚秀、盧廣偉、蕭孝澤、蕭俊嶺、蕭健九、戴靜園、繆徵中、薄錫三、謝昇標、謝晉元、謝瓊珠、謝鐵男、鍾芳峻、韓忠義、韓炳宸、韓香齊、韓家麟、魏鳳韶、羅策群、龐泰峰、龐漢楨、嚴家訓、竇來庚、蘇世安。共二百零五人。

以上在抗倭戰爭中殉國者，僅列出將級姓名，還有更多是校級尉級殉國者，他們都是旅營連排級幹部，只能以「不計其數」說。許多黃埔老前輩說過，一場戰役下來，多少個排連營就不見了，全部壯烈成仁，甚至一個旅或師剩沒幾人；有的期畢業典禮還來不及舉行，全體同學就緊急奉命開赴前線，沒幾天也死的差不多了，真是招生都來不及赴死的！可見戰爭之慘烈，犧牲之壯烈！為救中國，黃埔人視死如歸！

當然，所有的殉國者不全是黃埔人，數百萬殉國者以底層士官兵佔絕對多數，他們來自各行各業的中華兒女。但軍隊中的各級幹部，絕大多數出自黃埔本校和所有分校（見第二章）。整個來說，八年抗戰期間殉國的軍人（大部國軍、少數共軍），應在三百多萬到四百萬間，這是多麼大的國家損失，換得中國不亡的「慘勝」，而光復台灣則是吾國歷史無尚之功德。

但倭國的第三次亡華之戰，不止八年，算起來應該是十四年（從一九三一年、民國二十年「九一八事變」開始。所以我們對日抗戰就是十四年，這犧牲的人就更多了，難以估計啊！這裡提到抗戰是抗日本的「第三次亡華之戰」。其「第一次亡華之戰」，在我國明萬歷時代的「朝鮮七年戰」，日軍慘敗而歸；其「第二次亡華之戰」，即滿清「甲午之戰」，我們丟了台灣。所以，數百年來，我國這惡鄰居倭國，始終不忘要「滅亡中國」。現在台灣的獨派偽政權，竟然要割斷大陸時期那些血淋淋的壯烈史事，殉國的黃埔人情何以堪？九泉下何能安息？因為他們的偉大事蹟被否定，成了「非正統」！

這種台獨思想已非民進黨人所獨有，許多統派內部也有很多「藍皮綠骨」，更直接的主張「中華民國就是台灣」，「中華民國永遠在台灣」就是「愛中華民國」。這是「獨台思想」，不論台獨或獨台，都是「永遠脫離中國」，放棄最終統一理念。如果是這樣，目前在台灣健在的黃埔人不去反對，或沉默（默認），那我們還談什麼「正統」，連「中國人」都不是了，卻要嘴硬爭正統，真是很可笑的事。不知那七位聯名「鳳山黃埔才是正統」的退役將領（也當過陸官校長），是否深入思考這些屬於民族大義的問題？我相信他們不是為討好台獨偽政權的高官！

我的基本思維很單純，不能搞台獨，獨台也不行，堅持兩岸終必統一，這是中國歷史註定並合法的結局。只有如此，大陸時期的黃埔和台灣時期的黃埔，才是真正的一脈傳承，兩個時期都是正統，那無數殉國的黃埔前輩才得以安息！

對於抗戰歷史、相關紀念日，數百萬殉國軍人才換得台灣光復的光復節，全都被台獨偽政權的政客漠視，刻意的遺忘放棄。經過二三十年「冷水煮青蛙式洗腦」，年輕世代也完全無視無感，成了「無根世代」，不知如何形容這種可悲！可憐！當「去中國化」成了台灣「普世價值」，請問現在的黃埔人，你還是「正統」嗎？

最可悲的，是自己身為黃埔人，卻不甘寂寞去抱民進黨高官大腿，玩起了台獨大戲（此處不點名，識者皆知）。這種人可以把自己一生堅持的「中國統一」理念，在一夜間便出賣了自己，黃埔的「正統」何在？

今日台灣最不堪！最不幸！最不能容忍的，是經歷十四年抗戰，數百萬軍人殉國，平民死傷不計其數，才得以光復台灣，把台灣救回來。而今之台獨偽政權又要將台灣送給日本，成為倭國的文化殖民地，那倭國魔頭安倍被刺殺身亡，台獨妖女竟下令降旗並立安倍銅像，台灣成了什麼世界？妖界或魔界？未聞有黃埔人起而批判，我們的「正統」何在？「黃埔精神」還在台灣的黃埔人心中嗎？只要活在世上一天，黃埔人都要反思這個問題，黃埔精神在，正統自然就在！

「怒潮澎湃，黨旗飛舞，這是革命的黃埔！主義需貫徹……發揚吾校精神。」從民國十三年建校開始，黃埔前輩唱著，現在已退役的黃埔人聚會也唱著，在校同學早晚集會也唱著。筆者期許，並堅持兩岸黃埔人，永遠守住「黃埔精神」，堅持追求中國的統一、繁榮、壯大。如此，不論大陸時期黃埔或台灣時期黃埔，才都是正統！這才是你我黃埔人今生活在世上最大的價值！

中國戰區台灣省受降典禮於台北公會堂(今中山堂)舉行
1945.10.25

日本台灣總都安藤立利吉簽屬投降文件

民眾歡慶抗戰勝利於受降典禮場外集會

台灣少年團加入抗戰行列，於浙江金華進行操練。1939 年

抗戰前部隊缺乏重兵器，大刀是重要單兵近戰武器，「大刀隊」更是抗戰精神象徵。

第二章 廣州黃埔到鳳山黃埔

我陸軍官校從民國十三年黃埔建校，到筆者（四十四期）畢業五十週年（民國一一四年、二〇二五年），應是「陸軍官校九十四期」畢業的時候。

這近百年期間，在大陸時期開辦畢業生有一到二十二期。政府遷台後鳳山復校招生，從二十四期開始。大家一定奇怪，為什麼沒有二十三期？我查兩岸編的有關黃埔史料也沒有二十三期。甚至陸軍官校中正校史館也沒有二十三期。事實上二十三期是存在的，有招生也畢業了，這是許多黃埔人都知道，而說不出口的痛，詳見本書第三篇，〈關於陸軍官校二十三期〉一文。

鳳山復校後的數十年，陸軍官校校本部始終在鳳山，所以就只有一個「鳳山本校」，沒有其他分校。但在大陸時期由於環境和任務需要，多次遷校，除了本校尚有十餘個分校。本文針對大陸時期的本校和分校，略為簡述。

大陸時期黃埔本校第一期到第二十二期概況

第一期：民國十三年五月本校在黃埔成立，孫中山先生特任蔣公中正為校長，六月十六日開學典禮（以後以此日為校慶）。十三年年底畢業，有六百四十五人。

第二期：十三年八月相繼在各地招考進校，分步、砲、工、輜重、憲兵等科，預訂修業六個月，因以戰事隨征之故，延至十四年八月正式畢業，凡畢業生有四百四十九名。

第三期：十三年冬在廣州上海各地招生，分步、騎兩科，求學期間因黨軍四師作戰，本期入伍生投入協同作戰。十五年元月畢業，凡一千二百三十三名。

第四期：十五年元月入校，入伍期間適逢多事，如廣州衛戍、虎門警戒、兵艦監視、二次東征、惠州駐防，入伍生都參與了。十月畢業時，有二千六百五十四名，分步、砲、工、政治、經濟等科。

第五期：前第四期未升學之入伍生，編為第五期第一團，七月又成立第二團。當校長蔣公於十五年督師北伐時，本期入伍生砲兵團、工兵營、迫砲連，均奉命隨師出征。十六年八月，本期在南京舉行畢業典禮，共有二千四百十八名。

第六期：黃埔本校、南京本校和南昌分校，均有六期學生。十七年南京本校六期成立，十八年五月畢業，有三千二百五十二名，稱第六期一總隊。

黃埔本校六期於十五年十月招生，先後有入伍生四千多人。因校長下野，校務停頓，到十八年二月畢業，有七百十八名，稱為第六期二總隊。

第七期：十七年初，南京本校第七期成立，學生來源分別是「浙江省政府杭州軍事訓練班」和第二集團軍。十八年底畢業，有八百五十二名，稱第七期一總隊。

黃埔本校第七期，十七年五月招取入伍生八百多人，另有六期來不及報到的青年均編入第七期。十八年九月畢業，凡六百六十六名，稱第七期二總隊。

第八期：十九年五月成立「八期一總隊入伍生團」，本期開始學生在校修業改三年，一總隊於二十二年五月畢業，凡五百零五名。二十一年三月，武漢分校第八期學生總隊，併入本校，改稱「第八期二總隊」，於二十二年十一月畢業，凡一千二百四十名。

第九期：特別針對黃河和黑龍江流域的青年招生，有來自豫、魯、晉、陝、燕、遼等省學生。二十年三月進校，翌年五月升學，二十三年五月畢業，有六百五十四名。

第十期：本期經兩次招生，先是二十二年九月進校，編成入伍生團；後又有投考者眾，青年報國心切，復再備取成立入伍生預備班。前者二十五年六月畢業，有九百四十名，稱十期一總隊；預備班二十六年畢業，有六百二十一名，稱十期二總隊。

第十一期：本期在二十三年九月入伍，有兩個總隊，先有入伍生第一團，編成學生第一總隊，後有預取者編成二總隊。第一總隊於二十六年八月畢業，有六百零五人；第二總隊同年十月畢業，有六百六十四人。關於第十一期史蹟，另見本書第三篇，〈沒有畢業典禮的軍校生〉一文。

第十二期：二十四年九月在南京入伍，有六百五十二人，十一月有要塞砲校生轉入一百零三人。二十七年元月畢業於武昌，有七百四十人。

第十三期：二十五年九月在南京入伍，計一千四百九十人。二十六年十一月升學時有一千四百四十六人。後由湘入川，長途行軍數月四千多里程，二十七年九月十六日，畢業於四川銅梁，時僅一千四百十二人。

第十四期：第一總隊二十六年冬入校，二十七年十一月畢業於銅梁之安居鎮，計六百六十九名；二總隊於二十六年十月入校，二十八年九月畢業於銅梁，有一千五百十名。另有第六總隊，二十六年九月入校，為成都分校學生，二十八年元月畢業，凡一千五百二十名。

第十五期：本期招生於武昌，二十七年元月一日入伍，二十九年七月廿一日畢業於成都，計一千五百五十九名。另代訓空軍學生（第三大隊），二百七十二人，十五期共畢業一千八百三十一人。

第十六期：本期有三個總隊。第一總隊二十七年十月入校，駐於成都南校場，二十九年十二月畢業，有一千五百九十七人。代訓空軍生九十七名，編成十六期之步兵第七大隊，故一總隊畢業生共有一千六百九十三人。

第二總隊受訓於銅梁，二十八年十月畢業，有一千六百二十九人。

第三總隊駐於成都之北校場，二十八年春入校，二十九年四月畢業，有一千一百六十五人。

第十七期：第一總隊於二十九年四月十五日開學，駐於成都之西校場，三十一年四月畢業，計有一千五百二十七人。

第二總隊於二十九年五月六日開學，駐於四川之銅梁，三十年十一月二十日畢業，有一千三百七十四人。

第三總隊於二十九年七月十三日開學，駐於成都北校場，三十一年二月十五日畢業，有一千零三十人。

第十八期：第一總隊於三十年四月一日入伍，分駐成都草堂寺、青羊宮，次年步工兵大隊遷北校場，特科大隊遷西校場。一總隊於三十二年二月畢業，計有畢業生一千六百人。

第二總隊於三十年十一月二十五日入伍，駐成都南校場，三十二年十月八日畢業，有一千二百三十七人。

第十九期：本期於三十年先後在各大城市招生，陸續於三十一年春來校，五月成立十九期二總隊於成都草堂寺，十二月二十五日開始入伍訓練。三十二年三月分科，乃有十九期一總隊之產生，仍駐草堂寺乃步兵總隊，後又應需要編成砲兵二隊，共有九百九十八人。

第二總隊是特科總隊，計有騎兵一隊、砲兵三隊、工兵二隊、輜重通信各一隊，合計九百零二人。三十四年春，本期為配合國軍總反攻，奉令於四月十四日提前舉行畢業典禮，全期在校受訓二年四個月。

第二〇期：本期於三十三年三月二十日在成都南校場入伍，計編十隊，同年八月分科，分駐西南校場，合編步兵一大隊轄三隊。

三十五年春，廣西第六分校同學歸併本校二十期，編成步四中隊，砲兵一大隊轄二中隊，工兵一大隊轄二中隊，通信一大隊轄三中隊，另騎兵和輜重各一獨立中隊。本期於三十五年十二月二十五日畢業，計有一千一百一十六人。

第二十一期：本期於三十三年五月陸續入伍，計編步兵十一大隊，轄三十八個中隊（內西安督訓處轄十三個中隊）、騎兵一大隊轄三中隊（內西安督訓處一中隊）、砲兵二大隊轄五中隊（內西安督訓處二中隊）、工兵二大隊轄五中隊（內西安督訓處二中隊）、輜重兵一大隊轄四中隊（內西安督訓處一中隊）、通信兵二大隊轄四中隊（內西安督訓處一中隊）、戰車兵獨立一中隊。以上共六千零三十八人。

步兵第一第二所轄六個中隊，於三十六年八月十二日畢業，其他各隊在三十六年十二月二十六日畢業。另步六和十一兩大隊、工五、通五、戰車三中隊，因成立較晚，於三十七年六月十六日畢業。

第二十二期：本期第一總隊於三十七年元月五日，在雙流入伍，編成十四中隊，同年六月分科，學生移駐北、西校場。計編為步兵一大隊轄四中隊、騎兵一大隊轄二中隊、砲兵一大隊轄三中隊、工兵一大隊轄二中隊、輜重兵獨立中隊、通信兵一大隊轄二中隊。於三十八年二月十二日畢業，有一千五百三十八人。

本期第二總隊，三十七年七月七日在雙流入伍，編成十一中隊，同年十二月二日分科，僅分步、通、戰三科，計九百七十四人，畢業時間（不詳）。

大陸時期黃埔十五個分校概況

黃埔軍校分校的發展過程，按黃埔本校校址變遷分三個時期，即黃埔時期（一九二四年五月到一九二八年初）、南京時期（一九二八年三月到一九三七年七月）、成都時期（一九三七年八月到一九四九年十二月）。

在黃埔時期，先後開辦了潮州分校、南寧分校、武漢分校、長沙分校。在南京時期，開設有南寧分校、廣州分校、南昌分校、武漢分校、洛陽分校、成都分校、昆明分校。在成都時期，適逢抗日戰爭，分校遷移頻繁，改用序數表示，共設有一、二、三、四、五、六、七、八、九分校。

不同時期的分校並非完全另起爐灶，有些有承接關係，如洛陽分校與第一分校、武漢分校與第二分校、廣州分校與第四分校、昆明分校與第五分校、南寧分校與第六分校。本文簡介各分校如後。

潮州分校

潮州分校是黃埔軍校設立的第一個分校。一九二五年二月，為了給參加第一次東征的學生補習課程，在廣東潮安縣城設立分校，後因楊希閔、劉震寰叛亂而暫停。一九二五年十二月，第二次東征後恢復籌設潮州分校，借用縣城李厝公祠（又名李家祠）為校址。

本分校初名「陸軍軍官學校潮州分校」，後又改「中央軍事政治學校潮州分校」。本分校在一九二六年底停辦，歷時一年多，招收兩期學員，第一期畢業生三百四十八人，列入黃埔本校三期；第二期畢業生三百八十人，列入黃埔本校四期。

南寧分校・第六分校

南寧分校是一九二六年五月在廣西陸軍講武學堂，基礎上建立的中央軍事政治學校第一分校。一九三八年初，南寧分校遷至桂林，並奉令改稱「中央陸軍軍官學校第六分校」。一九四五年底，第六分校奉令裁撤。

本分校前後招生二十期。一九二六年到一九三八年，南寧分校時期，畢業生有一萬八百二十四人；一九三八年到一九四五年，第六分校時期，畢業生一萬二千六百六十人。

武漢分校・第二分校

黃埔軍校在武漢先後三次設分校。即北伐時期的中央軍事政治學校武漢分校、十年內戰時期的中央陸軍軍官學校武漢分校、抗日時期的中央陸軍軍官學校武漢分校（後改第二分校，遷湖南邵陽、武岡、會同）。因各時期差異大，故分時段述之。

中央軍事政治學校武漢分校（一九二六年十月到一九二七年七月）

本分校最早可追溯到國民革命軍政治訓練班。一九二六年十月籌設建校，到一九二七年二月開學前，改名「中央軍事政治學校武漢分校」，三月又改成「武漢中央軍事政治學校」，都因各方政治勢力擺不平。

本分校於一九二七年二月十二日，在武昌兩湖書院舉行開學典禮，有二千九百名學生，另三千名學兵也參加典禮。同年七月二十五日，分校無端改編成「第二方面軍教導團」，武漢分校停辦。

中央陸軍軍官學校武漢分校（一九二九年四月到一九三二年三月）

本分校前身是第四集團軍隨營軍官學校，一九二九年四月二十八日，正式改稱「中央陸軍軍官學校武漢分校」。六月十六日開學，有學生一千三百人，學員八百多人，與南京本校第七期同時，故分校亦稱七期。

一九三二年三月一日，本分校奉命裁撤結束，武漢分校併入南京本校，學生改編為南京本校第八期二總隊，四月全體官生回到南京本校。一九三三年十一月，八期二總隊畢業，有一千二百四十人。本分校先後有兩期學生，約三千多人。

中央陸軍軍官學校武漢分校・第二分校（一九三六年元月到一九四五年七月）

一九三六年元月，出於局勢的需要，中央陸軍軍官學校武漢分校，恢復以輪調在職軍官軍士為任務。此時分校有一個軍官總隊和軍士總隊，共約二千多人以上。

一九三七年底，分校更名「第二分校」，為避戰禍波及，先後遷武昌、邵陽、武岡，一九四五年春遷會同。抗戰勝利後，各分校都撤併，所有學生回歸成都本校。二分校官兵生於十月四日自會同出發，行軍三千多里，歷時七個月才回到成都本校。

本分校前後培養學生二萬六千多人（其中在武漢畢業有三千七百四十六人），成為黃埔軍校系統，僅次於成都本校和西安七分校的第三大學府。

長沙分校

黃埔軍校在長沙，先後開辦過兩次分校。即北伐時期的中央軍事政治學校第三分校、抗戰時期的中央陸軍軍官學校長沙分校。由於兩個長沙分校，沒有淵源關係，故分別簡述。

中央軍事政治學校第三分校（一九二六年十二月到一九二八年七月）

一九二六年十二月，中央電准開辦「湘省軍事政治學校第三分校」，至一九二七年三月在長沙市小吳門外協操坪（湖南陸軍講武堂舊址）成立，名稱改「中央軍事政治學校第三分校」。一九二八年七月本分校停辦，教職員生併入南京本校。

本分校開辦時有一千多學生，惜因「馬日事變」，導致學校近乎「解體」，有五百多人逃到南京，由校長蔣公收為本校六期，於一九二八年三月三十日畢業。亂局過後，本分校剩百餘人，畢業後分校就停辦。

中央陸軍軍官學校長沙分校（一九三八年四月到一九三九年四月）

一九三八年四月二十五日，中央陸軍軍官學校長沙分校，在長沙市南門外書院坪省立長沙高中內開學。因抗戰形勢演變，同年十月、十二月，分別西遷瀘溪。一九三九年四月底，本分校與湖南省幹部訓練團奉薛岳（第九戰區司令兼湖南省主席）之命令，合併改組為「湖南省幹部訓練團」，長沙分校結束。

本分校於一九三八年三月開始招訓學員，第一、二期主要是省保安處各團基層幹部，第三期專門集訓湖南武備學堂的軍官。另外本分校也招訓一般青年學生，計現職幹部有兩個大隊，新招學生有六個大隊，惟其總人數記錄不詳。

南昌分校

中央陸軍軍官學校南昌分校，原是第五路軍幹部學校（軍官補習所），一九二八年四月三十日在南昌成立。第五路軍幹部學校，原是江西省政府、第一集團軍第五方面軍的軍官教導團。同年十月，中央禁止各軍自辦學校，乃更名「中央陸軍軍官學校南昌分校」。

本分校僅招生一期，學生從第五路軍、師、旅、團選識字青年基層軍官和軍士，一九二八年五月一日開學，約有五百多人。一九二九年六月二十五日畢業，因與南京本校六期約同時，故本分校畢業生均同六期，學生分發各部隊後，奉中央令分校結束停辦。

洛陽分校・第一分校

中央陸軍軍官學校洛陽分校，開辦於一九三三年八月十八日，抗戰後遷到陝西漢中，改稱中央陸軍軍官學校第一分校，直到一九四四年十二月裁撤併入第九分校。分兩階段簡述之。

洛陽分校（一九三三年八月到一九三七年十一月）

軍官訓練班第一期在南京本校受訓，因南京校舍不敷使用，故成立洛陽分校。故洛陽分校從第二期開始，先後辦了四期。

第二期於一九三三年十月，招收各部隊基層軍官二千人（內有一百六十人朝鮮青年），編成二個總隊四個大隊。一九三四年六月十六日，全體學員到南京本校，同本校九期一起舉行畢業典禮。

第三期於一九三四年十月招訓，有二總隊四大隊，約二千多人，一九三五年七月畢業，學員都回原部隊。

第四期於一九三六年二月報到受訓，約一千多人，同年十月畢業。奉軍訓部命令按分配地區，到全國各地大中院校輔導在校生軍訓，為期三個月，結束後回歸各部隊。

第五期於一九三六年十月入校受訓，有一總隊三大隊和一航空區隊，共約一千多人，一九三七年七月畢業。本分校二至五期，共培養學員九千多人。

中央陸軍軍官學校第一分校（一九三七年十一月到一九四四年十二月）

一九三七年秋，日寇進逼中原，洛陽分校和機場均被轟炸，校部和十四期第三、四兩總隊，約二千多人，遷到陝南首府漢中，十一月奉命改名「中央陸軍軍官學校第一分校」，次年年中，洛陽分校又有另一批學兵五百人，也西遷漢中。

從一九三七年十一月到一九四四年底，第一分校先後招訓學生第十四期到第十八期，共有九個總隊，畢業學生八千二百零七人；另設各種軍官集訓短期班，畢業學員一萬二千二百六十四人。一九四四年底第一分校奉令裁撤，併入第九分校。

昆明分校・第五分校

昆明分校前身是創建於一九〇九年八月二十八日的雲南陸軍講武堂；辛亥革命後，雲南都督蔡鍔下令改稱「雲南陸軍講武學校」。一九三〇年八月，龍雲依照講武堂舊規，成立「討逆軍第十路軍軍官教導團」。一九三四年十二月，教導團奉令改成「中央陸軍軍官學校昆明分校」，並於一九三五年八月一日開訓授課，一九三七年已畢業第一期，視同中央陸軍軍官學校本校第十一期。

一九三八年三月，全國各地分校按先後成立順序，昆明分校奉令改為中央陸軍軍官學校第五分校。一九四五年十月，第五分校奉令裁撤。二十期學生併入成都本校，另有十九期改陸官二十期駐昆獨立大隊，至一九四六年五月畢業。

從講武堂、講武學校到軍官教導團，包含校內舉辦各班隊，共培養軍官、軍士約九千多人。之後，從一九三五年昆明分校，到一九四五年第五分校最後一期學員併入成都本校，前後開辦七期，共計畢業學員一萬一千五百多人。

成都分校

成都分校歷史雖不長，但在黃埔軍校史上有特殊意義，代表「川軍」向中央效忠（或中央收編川軍）。一九三五年十月，蔣公令李明灝在成都北校場，開辦「中央陸軍軍官學校成都分校」。（註：明清時期，成都城內有東、南、西、北四個校場，為軍隊演習操練場地。）

成都分校僅開辦過兩期學員，畢業約有六千人，主要是四川、貴州部隊保送的編餘軍官。第一期一九三五年十月入學，一九三六年十月畢業。第二期一九三六年三月入學，一九三七年十月畢業。

一九三八年元月，成都分校改成「中央陸軍軍官學校第三分校」。抗日戰爭爆發後，南京本校西遷，軍校師生從南京出發，經九江、武漢、銅梁，於一九三八年十一月到達成都，以成都分校的北校場為校本部，第三分校併入本部。至此，成都分校即告結束。

廣州分校・第四分校

一九二〇年代末，粵系軍閥陳濟棠在廣州燕塘，創辦廣東軍事政治學校，一九三六年秋，蔣公令改中央陸軍軍官學校廣州分校。一九三八年初，按國民政府中央軍事委員會令，再改稱「中央陸軍軍官學校第四分校」。

在黃埔軍校各分校中，本分校辦學歷史長，前後達近二十年，培養學員近三萬人。因受政局和戰事影響，校址經歷了從廣州燕塘到白雲山，遷址德慶、桂平，再遷廣西宜山，又遷貴州三合、獨山、湄潭等地。簡述如下。

廣東軍事政治學校（一九二八年到一九三六年夏）

一九二七年，由於黃埔軍校師生聚集，人數不斷增加，原校址偏小，第七期入伍生乃移廣州燕塘受訓。隨後，第八路軍總指揮陳濟棠在此設教導團，再擴充為第一集團軍軍事政治學校。之後又改稱「廣東軍事政治學校」，並於一九三一年開始招生，前後開辦了七八年之久。

一九三六年夏，蔣公對粵用兵，趕走陳濟棠，當時第四路軍總司令余漢謀投靠南京政府，取代了陳濟棠並接管了軍校。自任該校校長，大力整頓，使該校有了初具規模，約可集訓數千學員。

中央陸軍軍官學校廣州分校（一九三六年秋到一九三七年底）

一九三六年秋，蔣公明令廣東軍事政治學校改成中央陸軍軍官學校廣州分校，即派第三路軍總司令陳誠、第四路軍副軍長陳芝馨接收該校，並任校主任、副主任。同年八月十五日接收該校，十月十二日開學，廣州分校基礎自此確立。

一九三七年十月，日軍轟炸廣州，學校被迫疏散，校部設在白雲山，不久廣州淪陷，軍校奉命西遷。十二月二十日，分校校部遷往德慶，學生總隊分散駐德慶、悅城、連灘、郁南、桂平等地；學員總隊遷往羅定，實行分駐教育。

中央陸軍軍官學校第四分校（一九三八年元月到一九四五年底）

一九三八年元月，國民政府軍委會令廣州分校改為中央陸軍軍官學校第四分校，派韓漢英接替陳誠任分校主任。十月日寇陷廣州，軍校遷往廣西之宜山，學生分駐懷遠、河池、南丹等地，在此停駐受訓近一年。

一九四〇年二月，日軍從欽州、防城進攻南寧，分校師生奉命開赴桂南戰場，到忻城一帶對日作戰，任務完成後回師宜山。一九四〇年底因日軍西犯，分校再向貴州黔南遷移，再遷獨山，在獨山較久，培訓學員也較多，約五年多的獨山時期，培訓各期學生近萬人。

一九四四年八月因戰事吃緊，四分校奉命組設黔桂邊區防守司令部及都勻獨山警備司令部，主任韓漢英兼任司令，在校的十九期第九總隊改為野戰部隊，列入作戰序列。同年十一月，因戰事日急，四分校師生奉命移交陣地後回撤，並於一九四四年底再遷到湄潭縣黃家壩，再辦學長達一年。

一九四五年八月十五日，日寇終於無條件投降，同年底四分校奉命裁撤，學生全部撥歸成都本校；入伍生團尚未升學學生，分別參加第二十期升學考試。

第七分校

第七分校是在中央軍校西北軍官訓練班基礎上建立起來的。一九三六年，胡宗南以第一軍軍長率部駐防甘肅天水，奉命成立中央軍校西北軍官訓練班（共培訓五期）。一九三七年十二月，國民政府批准在陝西境內，籌設中央陸軍軍官學校第七分校。

一九三八年三月二十九日，中央陸軍軍官學校第七分校正式成立，胡宗南任主任，王超凡任政治部主任。到四月時，第七分校已編成四個總隊，分駐王曲、鳳翔、天水、蘭州等地，五月底校部遷設於西安王曲鎮。

第七分校隨抗日作戰之高潮，日益壯大，蔚為革命熔爐。抗戰勝利後，第七分校在一九四五年十月奉命裁撤。未畢業學生併入成都本校。為方便訓練，成都本校於一九四六年元月在第七分校原址，成立西安督訓處，持續辦理訓練。

第七分校從一九三八年三月到一九四五年十二月，先後招訓學生十五期到廿一期，畢業人數二萬九千六百三十五人。另逐年辦理各種班、隊、團等短期訓練，其畢業人數有一萬一千零六十八人。總共合計有四萬七百零三人，對中華民族抗戰全面勝利，作出了重大貢獻。

第三分校

由成都分校改為中央陸軍軍官學校第三分校，並於一九三八年十一月併入本部而結束。時隔半年，第三戰區司令長官顧祝同奉令，於一九三九年初夏在瑞金創辦中央陸軍軍官學校第三分校。名雖同而兩者實無相關，前者已述於前，簡述後者如下。

一九三九年，抗倭戰爭進入相持階段。蔣公為建軍整軍之方針政策，通令各戰區成立中央軍校分校，授權各戰區司令長官策訂計畫和執行，並以各戰區番號順序命名各分校。按此政策，第三戰區司令長官顧祝同將軍奉令，於一九三九年夏在瑞金創辦中央陸軍軍官學校第三分校，校本部設於瑞金縣城水背街萬壽宮。

一九四一年五月，校址從瑞金遷移到廣豐，校部在沙田，次年春又遷廣豐五都。一九四二年四月，日軍侵至浙贛線，情勢危急，全體師生二千多人，先從廣豐七都翻至福建浦城，再經建甌、南平、沙縣、永安等十多縣市，歷時兩個多月，行程一千五百華里，終於全校師生到達江西瑞金。

抗倭勝利後，一九四五年十一月，三分校奉令裁撤，但因為學員受訓到一九四六年三月才正式結束。第三分校從十六期開學（一九三九年八月十四日），到十九期畢業（一九四五年三月一日），共畢業學員一萬零九十三人，對民族抗倭做出重大貢獻。

第八分校

一九三八年春，第五戰區所屬部隊取得台兒庄大捷後，隨即向豫鄂西部地區轉移，於同年秋到達老河口，第五戰區司令部於十一月設在襄陽。均縣（今丹江口市）草店，上與老營（今武當山鎮）相隔約兩公里，下距均縣縣城不足二十公里。

草店最著名的道教建築群是周府庵，是明朝分封在開封的藩王周王朱橚朝的武當行宮，為武當山三十九處庵中最為宏麗者。一九三八年十二月初，第五戰區籌設「幹部訓練團」，一九三九年年初，選定武當山下的周府庵為團址。元月上旬，幹訓團正式上課，第五戰區司令長官李宗仁兼任團長，廣西綏靖主任公署參謀長張任民兼任教育長。

一九三九年夏，幹訓團奉命改成中央陸軍軍官學校第八分校。十月，第五戰區參謀長徐祖貽為分校主任，校本部仍在周府庵。第八分校共招收三期學生（十七、十八、十九期），前兩期畢業生共二千四百多人。一九四五年五月，分校遷駐湖北房縣，六月分校奉命裁撤，第十九期學生轉入西安第七分校繼續受訓。

第九分校

中央陸軍軍官學校第九分校，可溯源到一九〇二年清政府在伊犁設立的新疆「武備學堂」。一九〇五年，伊犁將軍長庚在惠遠（今伊寧市）設武備學堂。一九〇七年，新疆巡撫聯魁在迪化（今烏魯木齊市）創立陸軍小學堂。一九〇九年，布政使王樹楠等在迪化辦將弁學堂。

一九一二年五月，楊增新被任命為新疆省主席兼督軍，數年後將前述武備學堂、小學堂等全部裁撤，另建講武堂。一九二九年金樹仁接替楊增新，一九三三年盛世才政變推翻金樹仁，掌控新疆政權，又另創「新疆陸軍軍官學校」，割據一方。一九三四年國民政府軍委會令改成中央陸軍軍官學校迪化分校、一九三八年再令改成中央陸軍軍官學校第九分校，盛世才都拒絕更名。

直到一九四二年八月後，盛世才表示願歸順中央。一九四三年三月二十七日，國民政府軍委會電令，新疆陸軍軍官學校改名中央陸軍軍官學校第九分校，盛世才兼任主任，成都本校派龔愚少將為副主任。

一九四四年九月，盛世才奉調國民政府農林部長。一九四五年三月，宋希濂任九分校主任。一九四七年四月第二十期畢業後，九分校於八月二十七日奉命裁撤，改組為陸軍軍官學校第五軍官訓練班，直到一九四九年十二月才結束，本分校前後培養各族軍官六千多人。

寶雞特種兵聯合分校

本分校在黃埔史料文獻均未提到，只有在一本《黃埔軍魂：黃埔軍官學校一期至廿二期畢業同學錄》一書，略為提到。按該書末〈編後記〉，編成於民國三十八年七月於大中，筆者手上拿的是台灣影印本，也沒有出版資料，但資料應是可靠的。

按該書所述，寶雞特種兵聯合分校，成立於民國三十二年五月，主任是李汝泂，抗戰勝利後學生回歸本校，分校即告結束，其餘不詳。

海南分校

海南分校在兩岸黃埔史料中都沒有提到，筆者從網路找到，就順帶一記。到底實況如何！就由史學家或軍史家去考證，筆者並非專家。

按網路所述，海南分校於一九四九年八月，在廣州、桂林、廈門等地，獨立招考一千名二十四期新生。但因局勢惡化，只有二百八十八人報到，又繼續在海口招生約百餘人，共有新生四百五十餘人。

新生編成四個中隊，在動盪不安氣氛中，準備要開訓，惟局勢逆轉太快。到一九四九年十二月二十九日，海南分校總隊長蕭銘鶱上校，不得不宣佈解散，這批學生和分校從此被遺忘在歷史當中。

在大陸時期，黃埔軍校共招生了二十四期。一九四九年十二月，解放軍已攻入成都，才要畢業的二十三期和入伍生的二十四期，總計四個學生總隊、一個勤務團、一個軍官教育隊、六個教導團及校本部官佐教官等，共有一萬四千多人，就在教育處長少將李永中（黃埔三期）與學生總隊長徐幼常（黃埔五期）率領下，於十二月二十五日宣佈起義（投共）。所以，二十三、二十四這兩期，在大陸也等於「一片空白」，後來的黃埔史都不談這段傷心的往事。

鳳山復校後從第二十四期開始招生，民國四十年四月一日入學，共有一千多人，四十二年六月十六日畢業，時有一千二百五十二人授階。這個復校第一期生後來出了幾個著名的人：陳廷寵上將、王若愚上將、毛夢漪中將、黃耀羽中將、周世斌將軍、余宗就將軍。

鳳山復校後，到筆者是第四十四期，於一九七五年（民六四）八月畢業，算到筆者畢業五十週年（二〇二五年），則是黃埔九十四期要畢業了，二〇二四年也是我黃埔建校百年紀念的日子。

從廣州黃埔到鳳山黃埔，「黃埔精神」是一脈傳承的。不能說只有台灣時期的黃埔才是正統，就意涵大陸時期的黃埔是「非正統」，筆者不能接受這種背叛爛調，那是台獨份子搞「去中國化」的論述，黃埔人不能認同！

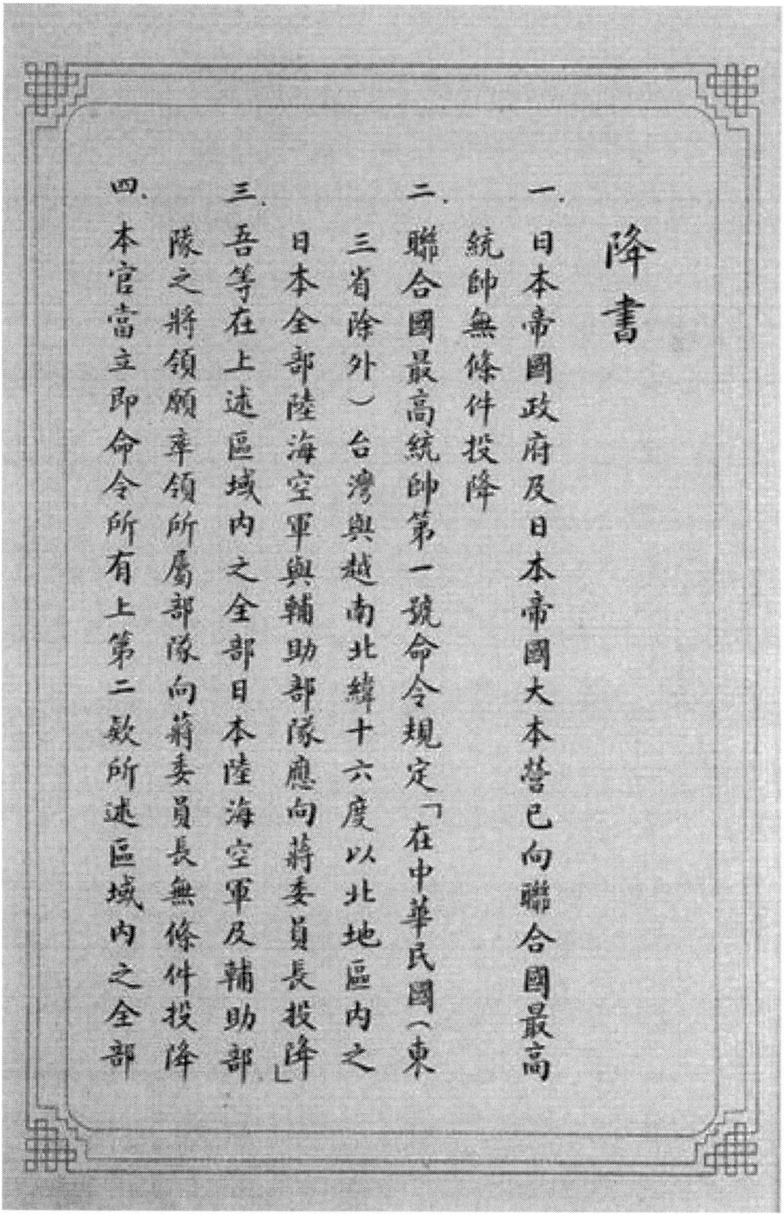

降書

一、日本帝國政府及日本帝國大本營已向聯合國最高統帥無條件投降

二、聯合國最高統帥第一號命令規定「在中華民國（東三省除外）台灣與越南北緯十六度以北地區內之日本全部陸海空軍與輔助部隊應向蔣委員長投降」

三、吾等在上述區域內之全部日本陸海空軍及輔助部隊之將領願率領所屬部隊向蔣委員長無條件投降

四、本官當立即命令所有上第二款所述區域內之全部

日本陸海空軍各級指揮官及其所屬部隊與所控制之部隊向蔣委員長特派受降代表中國戰區中國陸軍總司令何應欽上將及何應欽上將指定之各地區受降主官投降

五. 投降之全部日本陸海空軍立即停止敵對行動暫留原地待命所有武器彈藥裝具器材補給品情報資料地圖文獻檔案及其他一切資產等當暫時保管所有航空器及飛行場一切設備艦艇船舶車輛碼頭工廠倉庫及一切建築物以及現在上第二款所述地區內日本陸海空軍或其控制之部隊所有或所控制之軍

用或民用財產亦均保持完整全部待繳於蔣委員長
及其代表何應欽上將所指定之部隊長及政府機關
代表接收

六、上第二款所述區域內日本陸海空軍所俘聯合國戰
俘及拘留之人民立予釋放並保護送至指定地點

七、自此以後所有上第二款所述區域內之日本陸海空
軍當即服從蔣委員長之節制並接受蔣委員長及其
代表何應欽上將所頒發之命令

八、本官對本降書所列各款及蔣委員長與其代表何應
欽上將以後對投降日軍所頒發之命令當立即對各

級軍官及士兵轉達遵照上第二款所述地區之所有日本軍官佐士兵均須負有完全履行此類命令之責

九、投降之日本陸海空軍中任何人員對於本降書所列各款及蔣委員長與其代表何應欽上將嗣後所授之命令倘有未能履行或遲延情事各級負責官長及違犯命令者願受懲罰

奉日本帝國政府及日本帝國大本營命簽字人中國派遣軍總司令官陸軍大將　岡村寧次

昭和二十年（公曆一九四五年）九月九日午前九時　分簽字於中華民國南京

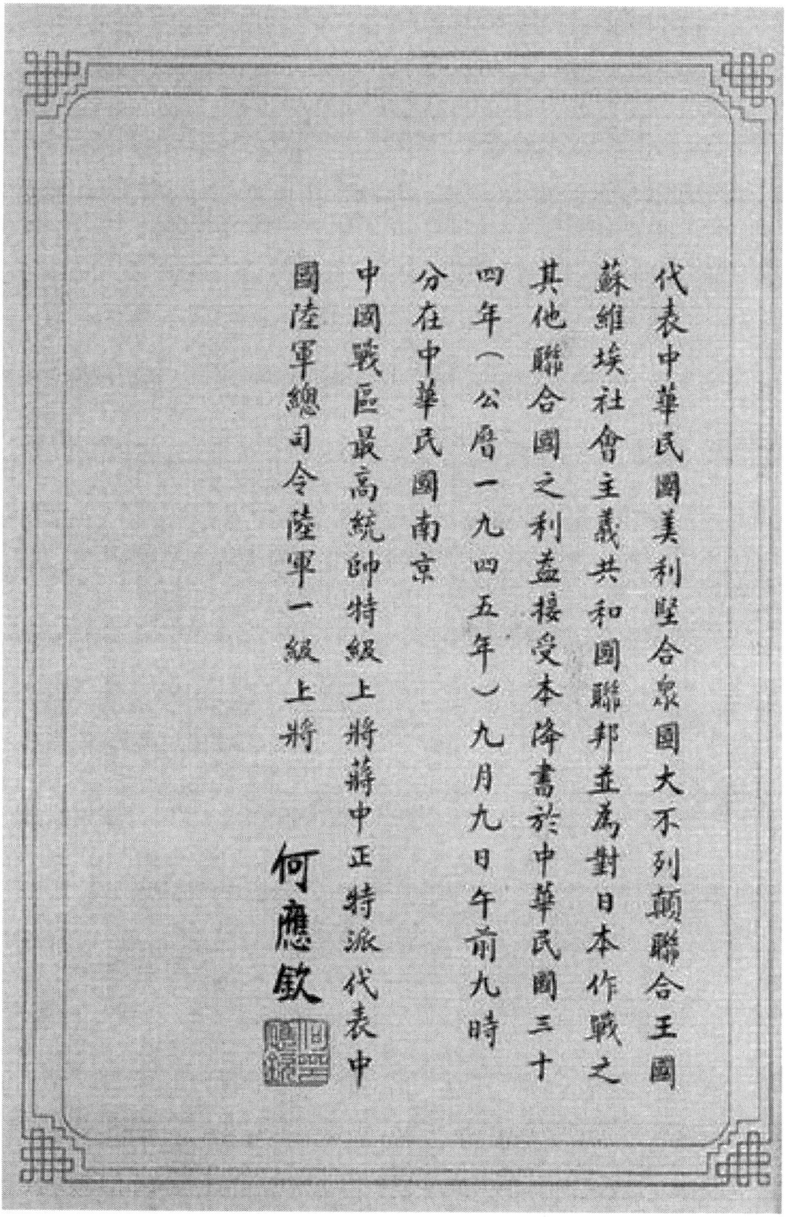

代表中華民國美利堅合衆國大不列顛聯合王國
蘇維埃社會主義共和國聯邦並爲對日本作戰之
其他聯合國之利益接受本降書於中華民國三十
四年（公曆一九四五年）九月九日午前九時
分在中華民國南京
中國戰區最高統帥特級上將蔣中正特派代表中
國陸軍總司令陸軍一級上將　何應欽

第三章 去中國化後，誰是正統？

本來在兩蔣時代，「做一個堂堂正正的中國人」，是所有台灣人都能認同的共識，那時大家都能公開且自信的說「我是中國人」，很正常、很自然。那時雖然「中華民國已在台灣」，但我們以身為中國人為榮，我們守住並發揚中華文化，我們很自然的就是正統，而中共在搞馬列，在打倒孔家店，很自然的成了非正統。

曾幾何時！才不過三十多年，從大漢奸李登輝開始搞「去中國化」，接著大貪官陳阿扁、大妖女蔡英文等，不斷深化去中國化。到了現在，台灣島上還有幾人敢公開說「我是中國人」？連國民黨人也不敢公開說，連「統一」二字也不敢提，可見「冷水煮青蛙」式洗腦多可怕，幾可在短時間內改變物種本性。

造成這種局面的因素當然很多，其中之一是統派不團結和國民黨人馬的無能，尤其那個天真的馬英九，簡直快成了民進黨派在國民黨內的臥底。他的八年幾乎都在配合民進黨幹活，執行民進黨政策，統派許多人罵他「亡黨亡國之君」，台獨之盛行，去中國化之順利進行，馬英九予有功焉！他討好敵人，傷害自己人，真是第一名，此事必在歷史留下壞記錄！

許多人不會深思，（台灣社會已被判定為低智商群體，被洗腦三十多年，尤其年輕世代幾已腦死。）政客說「你不是中國人」，便都無意識的認為「自己不是中國人」；台獨政客說「孫中山是外國人」，大家也不思索以為是。這種「冷水煮青蛙式的洗腦」，從中小學課本全面進行質變量變的戲法，而國民黨從頭到尾，完全束手無策，沒有作為，真是很悲哀的事！就連許多黃埔人的第二代、第三代，也已很多人不知道自己是道地的中國人，只剩下孤獨的「爺爺」，孤獨的懷念著自己曾是中國人，自己曾是黃埔人！

如果「去中國化」進行到底，有很多可怕的後果，腦死的年輕世代從不想這個問題。首先「去中國化」完成，台灣即「非中國」，台灣人成了「非中國人」，即非中國，便無權爭「中國黃埔」的正統，甚至連

「黃埔正統」也不是了。如果有一天獨立真搞成了，鳳山黃埔即非黃埔，與黃埔無關了！何來正統黃埔？而最嚴重的後果，就是死路一條，大家都別想活命。因為，《反分裂法》，是留島不留人的！

壹、從李登輝開始的「亡中華民國」戲法

兩蔣時代的中華民國，基本上保有「中國中央政府」的架構，也有「中國文化」話語權，因此擁有中國的合法性代表意義。此時中華民國的正統地位，毫無疑問是深得台灣人民和海外僑胞支持的。

從大漢奸李登輝開始，中華民國的「中國屬性」快速流失，至今之中華民國已「非中國」。（雖然憲法仍是一中，但已無人理會，憲法已先中華民國而死。）當李老賊掌握大權後，搞出了「野百合」運動、大喊「打倒老賊」，「全面改選國會」，乃至一九九一年修憲、一九九六年總統直選等。這些等等，都是「去中國化」的前戲，作完這些前戲，中華民國的「中國屬性」就沒了，更沒有中國政府的合法性。實質上，

成了地方政權，乃至只是一個非法的地方割據政權。

二〇一五年，老不死的老番癲接受電台專訪，他說：「台灣已經是主權獨立的國家」，這種文字遊戲，到之後的大貪官陳阿扁、大妖女蔡英文等台獨政客，仍玩得不亦爽乎！

名存實亡的中華民國，招牌依然高掛，因為還有很多剩餘價值，例如印鈔權、征稅權、發護照權、對外關係權、設官權（很多人要當官）等。他們亡了中華民國的內容，又借中華民國的「殼」上市了，背後的支持者當然還有美帝和倭寇的陰謀。

掛起中華民國的招牌，還有最大的好處是得以擁有「相對安全安定」作用，就是那「務實的台獨主義者」賴匪，也仍不敢完全拆除這塊招牌，因為他還想當大統領，以及很多人要借牌當部長等等。要是把中華民國全都下架，掛上「台灣民主國」招牌，可能比一八九五年的台灣民主國更短命，後果更嚴重，大統領當不成了，百官也失業，全都要去流亡，比烏克蘭還慘！

中國人的政治倫理、政權或統治的合法性，簡言之就是「順天應人」四字。今之中華民國殼內的台獨偽政權，有順天應人嗎？恐怕只有倒行逆施、天怒人怨可形容。從大漢奸李登輝、大貪官陳阿扁到大妖女蔡英文，骨子裡所想就是如何去中國化！如何滅亡中華民國！路人皆知。是故，不論談中國之正統或黃埔之正統，都已不在台灣（中華民國）了！這是現實，只是在我心中，兩岸黃埔一脈傳承，都是正統。我身為黃埔人，不能容忍黃埔淪入「非正統」！不論彼岸或此岸！

貳、正統不在台灣，那在大陸嗎？

確實是，正統已不在台灣，在大陸的中華人民共和國已經是中國政權的正統，未來也會是中國歷代上一個正統的朝代，就像蒙古和滿清之入主中國，初期被視為異族或「非中國」。但最終因漢化或儒化，融入了中國文化，取得統治的合法性，史學家秉筆直書其正統地位。

說我的論述像中共同路人的人，可以到台灣任何一家書店買一本《中國歷史年表》，明朝結束之年和滿清開始之年，都是一六四四年（明崇禎十七年、清順治元年）。明朝在台灣又持續三十九年，史稱「南明」，這段時間代表明朝正統的延續，但不被視為中國政權的正統，這是現實的無可奈何。

中國歷史對「正統」有嚴格的標準，就是必須守住中華文化（儒家為代表）和大一統理念，這兩大法則是中國歷史的春秋大義。守住並推行這兩大標準（法則），基本上就取得中國統治權的合法性，並得到全體中國人的支持，即得天下之民心。

很多人一定要質疑我，「大陸不是在打倒孔家店嗎？」這一定是被台獨洗腦到不會思考判斷的年輕世代問的，他們還以為大陸同胞現在還在吃香蕉皮，最近更傳出一個訊息，說「大陸高鐵是燒煤的，而且坐椅沒有靠背。」很多人都相信，可見台灣人被洗腦到多麼乾淨澈底，多麼可怕！多麼悲哀！

大陸打倒孔家店是很久以前的事，現在換成台獨偽政權在打倒孔家店。台灣從李老番癲、陳阿扁到今之空心菜，就透過政治、法律和教育體系，全面「去中國化」，清除掉中華文化，從各級學校教科書中去除儒家經典作品，這是大家都看到知道的事實，由不得筆者胡言。台獨偽政權為澈底打倒孔家店，甚至很多學校內的孔子像被移除，廢除每年的

「祭孔」大禮。歷史最終會證明，孔家店是打不倒的，中華文化也消滅不了，不久後會滅亡的只有台獨政權及其邪惡思想。

看看現在的大陸，早已重新開張孔家店，還把孔家店（孔子學院）開到全世界，復興中華文化已經是中國人的共識，大陸各級政府和民間也積極推行。儒家和很多傳統經典作品，出現在中小學教科書，中華文化的根苗再度植入孩子們的心田。可以肯定的說，大陸已經掌握了中華文化的話語權，乃至祭孔、祭黃、紀念中山先生和革命先烈的詮釋權。這些在台灣全都被當「破鞋」丟掉，乃至統派也不關心了，更助長「去中國化」氣勢高漲。這種情況下，台灣何來正統？大陸的正統已成事實！歷史也會這樣記錄下來！剩下一個可能被質疑的問題，是「馬列」，是「馬克斯主義」！

參、馬克斯主義被漢化或儒化，中華文化溶解了馬克斯主義嗎？

如同中華民國憲法標示出三民主義，中華人民共和國憲法和民間學術思想，也都有馬恩或馬克斯主義意涵（以下以馬克斯主義為代表）。所不同的，此岸的三民主義已被統治者（不論統獨那方執政）當破鞋丟了，彼岸之馬克斯主義則正在「儒化」或「漢化」，或中國化、本土化皆是，即被中國文化所溶解，成為中華文化的一部份。（詳見張新民，〈只有儒家才能解決中國認同分裂〉㈠，《遠望》二〇一六年元月號）。

一定有人要說筆者媚共賣台了，以前不是說馬克斯主義是全人類的禍害嗎？這其實是我們錯誤的認知（被洗腦了）。世上任何主義，絕無都是完美的，因為都是人在執行，要用其有利於社會人民才重要。

馬克斯主義本來是外來貨，是「非中國」的，但現在正在成為「儒化的馬克斯主義」，中國文化有這個能耐嗎？能「吃下」外來的馬克斯主義嗎？這個問題回到歷史找證據，就可以看到肯定的答案。

證據一，印度原始佛教在漢朝初年（也有證據在秦朝）傳入中國，這個外來者初期與中國文化格格不入，因此曾發生「毀佛、滅佛」之爭。到了唐代才漸漸與儒家思想接軌，甚至相融而產生本土化的「中國佛教」，唐代開始推行三教（儒、佛、道）合一達一千年，最終成為中國文化的三個核心價值，被中國人所完全接受。

證據二，伊斯蘭教本土化成為回教。伊斯蘭教也是外來者，唐代開始傳入中國，大傳播始於元朝，在明朝開始本土化，最終成為中國五大民族（漢、滿、蒙、回、藏）之一。伊斯蘭教文化融入中國文化後，改稱回教，其民稱回族。

證據三，猶太人融入中國文化後的「中國猶族」。猶太人是全世界最難被同化的族群，他們在歐洲流浪兩千年都沒有被同化。大約唐朝開始有猶太人移民中國，二戰時為避希特勒屠殺之禍，大量猶太人來到四川、河南等，形成「猶太人社區」，至今連以色列也不承認他們是猶太人，因為他們已被本土化（中國化）。難說未來中國五十多個少數民族中，不會出現一個「中國猶太族」！

證據還有很多，例如五胡、蒙古、滿清這些先是「異族」，但因入主中國，接受漢化、儒化，最後也融入中華文化，成了中華民族的一部份。汪精衛曾有一個構想，日本要侵略中國，我們不要抵抗，就讓日本來統治中國，一百年後大和民族就不見了，這是消滅日本最好的辦法。汪精衛的構想純屬不合科學的假設，至少暗示了中華文化有極強大的「溶解力」，不論什麼死硬的東西，碰上中華文化（儒家為核心），都會被和平地、自然地「溶解」掉，成為中國文化的一部份。

所以馬克斯主義被中國文化溶解，逐步被本土化、中國化，實在也是命中註定的歸途。按前述張新民研究論說馬克斯主義在中國被本土化的進程，由強調鬥爭到重視和諧，標誌著馬克斯主義向儒學主動靠攏，也象徵著鬥爭辯證法向和諧辯證法的轉化；鬥爭辯證法難以包融「和合」或「和諧」，和諧辯證法卻可以包融「矛盾」或「鬥爭」，無論鬥爭或和諧，都在新的辯證思維結構中，最終得到相反相成的統一。

從現狀來觀察，馬克斯主義在中國的發展，已經步入了儒家化的語境，這已是一個客觀事實的存在。由於儒家在傳統中國的地位，不論政治、法律或人民生活，無不受儒家思想影響，馬克斯主義的中國化進程也必然不斷的儒家化。是故，儒學可以包融馬克斯主義，而馬克斯主義很難包融儒學。

這章談的是，不論稱中華民國或台灣，在去中國化後，即「非中國」，正統（不論任何方面正統）就不在了。反之，當中國大陸擁護中華文化並取得話語權，就完成了統治的合法性，也就是得中國之民心。中國大陸的建設發展，更實現了中山先生百年前所說，「廿一世紀是中國人的世紀」，中國正統已在大陸，不論台灣人高不高興，也無法改變這個事實！

何應欽將軍（左）接受日本代表小林淺三郎呈遞降書。
（1945.09.09 南京中央軍校大禮堂）

徐永昌中將於受降典禮，代表簽字日本投降書。
（1945.09.02 東京灣美艦密蘇里號）

日本投降消息傳出，重慶街頭市民興奮慶祝。

國軍返回漢口受到群眾熱烈歡迎。圖為台灣省旅漢同鄉會的歡迎隊伍

抗戰受降共區分 16 個區，第一戰區司令胡宗南將軍於鄭州接受日本投降。1945.09.22

第四章　去中國化消滅中華民國後再皇民化

民進黨這些台獨妖魔搞去中國化，已經幾十年了，早已公開的、秘密的、不擇手段的從政治、法律、經濟、教育和內政外交等所有層面，全系統的進行去中國化。很奇怪的，國民黨人幾乎沒有抗衡的力道，任由獨派去搞到大家都不敢承認自己是中國人，我不知道成千上萬的黃埔人心中做何感想？老夫只感到陣陣悲哀！

去中國化的同時，就是在消滅中華民國，這是從李老番癲開始，到陳阿扁蔡英文的一貫思維，「司馬昭之心」路人皆知的事。當去中國化和消滅中華民國有點成果後，下一步就是台灣「再皇民化」（已進行多年）。最終使台灣成為日本的文化殖民地，全面掌控台灣做為「第四次亡華之戰」的前進基地，這就是日本右派的大戰略構想。

這個大戰略構想初步，目前由二戰後日本遺留台灣的後代和當時漢奸的後代在執行。有些台灣媒體報導「台灣第五大族群華麗轉身」，這所謂「第五大族群」就是留在台灣日本人和一些漢奸的後代，他們已掌控台灣政治和經濟大權。蔡英文為什麼要在高雄立起安倍晉三銅像，又下令降半旗致哀，道理就很清楚了！

壹、去中國化消滅中華民國的進程

台獨偽政權對於「消滅中華民國」，是時時刻刻都在進行中，從李老番癲開始明暗多手策略的幹。到了妖女空心菜，中華民國從「在台灣」變成「是台灣」，她口頭上又把國號改成「中華民國台灣」。島內已全面綠化，全面向漢奸思維沉淪，而統派軟弱無力。

二〇二一年的雙十節，空心菜發表「獨」性鮮明的演說，不斷的肢解中華民國，扭曲變造歷史，可惡之極！邪惡陰毒之極。她說：今天是中華民國一一〇年的國慶日，每一年的這個日子，我們聚在一起，慶祝我們國家的生日。我們抱著莊嚴的心情，感謝這塊土地上歷代的前輩，不論是先來後到，為這個美麗的家園犧牲奉獻。今天，在台灣生活的人們，已經是一個生命共同體，我們共同經歷了一次又一次的考驗……

這段話藏著很深的陰謀，極盡所能搞著無恥的戲法。第一句的「中華民國」，算是包含大陸時期的中華民國，後面的語意開始含混，「我們國家」、「這塊土地」，再跳接「台灣」，中華民國的範圍就完全與台灣重疊。一九四九年以前的中華民國不見了，消滅了！

當「中華民國等於台灣」時，則在台灣的中華民國也不見了。於是她接著說：此時此刻的中華民國正處在七十二年來最複雜多變的局勢當中。可見她心中的中華民國已非創建了一一〇年的中華民國，而是從一九四九年算起在台灣的中華民國。於是她再宣示：從一九四九年中華民國立足台灣以來，已經經歷七十二年。這七十二年來，我們……成就了今天中華民國台灣嶄新的樣貌。

在這講話中，她一共三次提到「中華民國台灣」，這是自外於中國的「中華民國台灣。於是她更激進的說：堅持中華民國與中華人民共和國互不隸屬。所以空心菜的兩岸關係，已非一九九二年時的「一中」，根本就是「兩國論」關係。

否認一九四九年後的中華民國與辛亥革命創建的中華民國法理「同一性」，雖然中華民國的殼仍在，本質已成台獨內容。從此便失去紀念辛亥革命、紀念先烈和紀念雙十節的資格，自外於中國的「中華民國台灣」，也失去了爭正統的資格。

時序又到民國一一一年（二〇二二年）的雙十節，在偽統領府前的凱道牌樓，更直接且公開的把中華民國去除，就掛上「台灣雙十節」。真是不倫不類，難道統派都沒有意見嗎？黃埔人們也沒意見？

貳、去中國化、去人性化與道德淪喪

台獨份子搞去中國化，其範圍可謂「其大無外、其小無內」，不是單單僅在政治、經濟領域，而是中國文化的全部。要知道中國文化經歷五千年的光陰洗禮，是人類文明文化最優良的寶產，全面「去中國化」，表示凡屬於中國的屬性全都不要，全要去除清除掉，就等於是「去人性化」，人沒有人性了，與禽獸何異？

舉一實例，民進黨把各級學校校園中的孔子、國父、蔣公銅像拆光了。最後看到各級學校高掛「禮義廉恥」四字，有如見鬼之害怕，因為禮義廉恥四字正是重要的中國文化意涵之一部，出自吾國春秋時代大政治家管仲：「禮義廉恥，國之四維，四維不張，國乃滅亡。」四維是人性的基本面，可以說有四維才稱人，無四維便是「人形獸」。民進黨要各校拆掉禮義廉恥四字，就是要使新生代全都去人性化，有如禽獸，方便馴化，方便利用！但我們看看台灣的政客、台灣社會，與「禽獸社會」只差最後一步，這是搞台獨，去中國化的後果之一。

台灣人長期被洗腦，成為低智商社會的集體低能，年輕世代全都成了盲從，沒有思考判斷的能力，台獨偽政權的政客說什麼便認同什麼；以為「去中國化後從此過著幸福美滿的日子，你就是主人。」卻不知道，經過「去中國化」大鬥爭後，就算解放軍沒有來，小島也會墮入人間煉獄。因為去中國化後，就走向「去人性化」。大家只要仔細觀察台獨操弄台灣社會，就會發現台灣人的優良人性，已在大量流失中。把一切偷盜無恥行為和亂倫（同婚），全都說成人權民主就好了，那管社會沉淪！

去中國化的後果，超乎所有人的想像，其嚴重程度不止斷了兩岸連結，不止斷了同文同種的民族關係，也不止斷了烈祖烈宗的血緣關係。最嚴重的是，泯滅、去除人性，遺禍深遠，真是罪大惡極，台灣文化本是中國文化之一部份，屬於中國的文化和民間宗教信仰全都清除了！台灣也會道德淪喪的社會。

參、胡佛：台灣因台獨而道德淪喪

二〇一八年二月十九日，《遠望》雜誌的石佳音、簡皓瑜，訪問胡佛院士，談到「台灣因台獨而道德淪喪」。（全文詳見《遠望》二〇一八年十月號），本文按其問答，簡述其要。

遠望問：去（二〇一七）年十二月，您在接受《中評網》、《聯合報》的採訪時提到了台獨的道德問題。可否請您進一步闡述？

胡佛答：（略說要意）趙少康曾在他主持的政論節目中，質問台灣為什麼這麼多詐騙犯，來賓沈富雄直言：這種詐騙符合台灣目前的價值性格。

電視上常可看到獨派政客或學者公然說謊，例如呂秀蓮聲稱《中華民國憲法》沒有「省」的存在，彭明敏、李鴻禧公開說台灣人沒有參加《中華民國憲法》制訂，都與事實不合，都是公然說謊。

類此例子不勝枚舉，但台獨政客硬拗、說謊，即使被揭穿了仍硬不承認。詐騙就是這樣，得手為強，謊說久了便成真，我就詐騙又怎樣？

遠望問：台獨派為何這麼愛說謊呢？

胡佛答：很簡單，就是沒道德，不相信道德的存在。

今天台獨派標舉著自由、民主、人權，從形式上看起來，似乎是用一個道德替代另一個原有的道德（中國統一、仁義禮智），實際上是對道德的破壞。

他們既流著中國人的血統又引以為恥，所以不認同中國而恨不得脫離中國，有些人甚至想當日本人而甘為日本二等國民。但殖民政府已撤離台灣，日本已是另一個國家，客觀事實上你就不是日本人。客觀事實與意願衝突，這就讓一個人陷入了道德的衝突與矛盾當中。

遠望問：您是說，日本殖民統治台灣五十年，破壞了原來台灣人的民族認同。而認同錯亂後，道德就失去了根基。所以，台獨主張是台灣道德基礎遭到破壞的結果；而台獨當道又使得台灣全面道德解體。對嗎？

胡佛答：對。認同本身就是道德，而其他的道德是在認同的這個基本道德之上建立起來的。日本殖民台灣五十年，斷了台灣人的根，並把台灣引到了另一個方向，影響了整個台灣的是非觀、羞恥觀。

台獨派不承認自己是炎黃子孫，不認同中國為祖國，是道德破產的結果。道德破產，又一心反華，然後就說謊，硬拗出一堆似是而非的東西來。

然而，儘管找到一條不當中國人的出路，但人格道德上的矛盾衝突卡在那裡，讓內心擺盪不定，始終有壓力。所以許多獨派人士既高唱台獨，硬拗自己是台灣人而非中國人，卻又不時會發出莫名其妙的情緒來，譬如動不動就炸開，認為不受尊重，總之既自卑又自大。何至於要爆怒？

因為痛苦。

但何須痛苦？你根本就是中國人嘛！如果中國人不夠好，你加進來一起努力就是嘛！所以，這是他們自己先不自尊不自重，先自慚形穢使然。

按胡佛訪談所示，台灣因高唱台獨，已經成為一個道德破產的社會，從上到下視詐騙、說謊為常態。而「媒體、校園、軍隊」，也已成了推動台獨的打手、平台和工具。對於這樣道德全面淪喪的社會，不論叫什麼「國號」，還有什麼資格爭正統？

在《遠望》〈胡佛：台灣因台獨而道德淪喪〉一文，胡佛院士尚說了兩個事例。二〇一七年十月二十六日，台北市商業會理事長王應傑應邀出席台灣競爭力論壇時說：大陸經過三十年翻天覆地的進步，今天有許多一、二線城市的發展都已超過台北；台灣很多沒到過大陸的愚民、賤民，根本不知道大陸有多進步。這裡罵了不承認自己是中國人者為「賤民」，是很嚴重的罵，但事後未見有「反應」或辯論。為何？因為有反應或辯論，會使「台灣人是不是賤民」成為議題。顯然綠營迴避，閃躲掉了！

另一事例，二〇一七年十二月四日，王尚智在《中時》言論版上發表一篇文章。他說：如果用天道、地道、人道等六道輪迴概念來比擬的話，那麼可以說，隨著獨派當政以來，當今台灣社會已快要跟著政壇畜生們，一起淪落到只剩下「無知與喧嘩的本能，相互吞噬破壞，最終毫無真正創造幸福的能力」的「畜生道」了。

王尚智形容台獨政客是「畜生們」，而台獨執政下台灣社會淪入「畜生道」，台灣人只剩下「無知與喧嘩的本能，相互吞噬破壞」。這是多麼嚴重的指控，悲鳴台獨把台灣搞成禽獸社會。然而，綠營閃躲不敢回應，因為一回應，台獨是不是「畜生」！是不是台獨把社會搞成「畜生道」，立刻形成一種議題。可見台獨的痛處，正是這些道德問題，台獨就是非常不道德的事。

肆、台獨去中國化消滅中華民國後再皇民化

在前述〈胡佛：台灣因台獨而道德淪喪〉訪談一文，對於台灣社會

的集體道德淪喪、去中國化去人性化，又使台灣社會淪入「畜生道」。之所以如此，都和最終要使台灣人「再皇民化」，以利控制台灣，方便日本右派勢力的大戰略目標（後述）。

台獨份子的本質上，有些是美日的「代理人」，而在「日本代理人」這部份，所有的工作最終都會連接到「台灣人再皇民化」的問題。所以，數十年來皇民化已在台灣社會潛移默化、明爭暗鬥的兩手策略中，有了極大成果，才會造成現在年輕世代全在「媚日」；安倍晉三死了，蔡英文下令降半旗，又在高雄立安倍銅像，好像台灣又成了日本殖民地（實際上已快成倭國文化殖民地）。

這就是「溫水煮青蛙」式洗腦的恐怖，只要在人的成長受教育階段（小學到大學），不斷進行清洗，可在短期內由政治手段，使「人」變「非人」，使中國人變「非中國人」。以下舉兩個讓人「不知不覺」的實例。

第一、觀光行銷「日本味」、斷絕「中國風」：在兩蔣時代，我們高舉復興中華文化大旗，因此台灣在各方面都有濃厚的「中國風」，所謂的日本味日本風不被鼓勵，民間當然不會有「媚日」的流行。

但經過三十年的洗腦改變，「日據」變成「日治」，在台獨政客操弄下，日本風日本味已然壯大流行。就以台南為實例，火車站裡服務台放著「大台南日治懷舊之旅簡介」、莉莉冰菓店貼滿牆日文舊報紙和日竊舊照片、復原「林百貨」和「愛國婦人館」、恢復台南神社等。只要是台獨執政的縣市，都在塑造對「日治」的集體認同感，而這些對一般人都是不知不覺的，只是在無感過程中改變你的認同，這叫「溫水煮青蛙」。

第二、利用古蹟修復之名，大規模修復「日治」（日竊）相關建築，這些建築尚有「親疏」之別，所得補助經費不同。在「與日本殖民有關之一般建築物」如：南庄郵便局、石岡農會碾米穀倉、舊山線鐵道、台中放送局、台中市長公館、鹿港街長宿舍、福興鄉農會碾米廠暨穀倉、南投市農會、茶業改良場魚池分場、虎尾合同廳舍、中央廣播電台民雄分台廣播文物館、台糖嘉北線五分仔鐵道暨北港溪鐵橋、原嘉義製材所。

在「與認同日本殖民政權有關及效忠日本之建築物」如：通霄神社、三義奉安殿、台中清水國小、台中州廳、台中市役所、台中刑務所演武場、彰化武德殿、彰化中山國小、永靖公學校宿舍、彰化中山堂（彰化市公會堂）、二林國小禮堂、溪湖國小門暨禮堂、南投碧峰國小、南投草屯國小、斗六市公所、虎尾郡役所官邸、新化鎮街役場。

以上大多在公元二千年復修復，凡與「日治」（日竊）有關建物大約百分百，獲得高額修復補助。而凡與中國或漢人有關建物，大多被放棄或微量補助。（全文可詳見，王蕙儀，〈明修日據古蹟、暗渡皇民情結〉，《遠望》（二〇一六年十一月號）。在本文僅列舉少部份，實則全台各縣市都在進行這種「再皇民化」工程。

台獨之去中國化，是在美日邪惡企圖支持下壯大，其目的在使台灣和中國永久分裂，而日本右派勢力則另有大戰略目標，就是控制台灣成為「第四次亡華之戰」的前進基地，最終要消滅中國，建立「東亞大日本帝國」。這是日本人的夢想，他們叫「大和民族的歷史使命」，只要日本不亡，他們的歷史使命就會代代傳承下去，第五、第六……「亡華之戰」，永恆困擾著中華民族生生世世的炎黃子孫，困擾著亞洲各國。

中國人要如何處理這個搬不走的惡鄰居？這個地球上最不該存在的物種，處理掉這邪惡物種是中國人的天命！

第五章　倭國亡華之戰與中國之天命

我們中國這個邪惡的妖魔鄰居，在吾國漢朝時被封為「倭奴王國」的日本，到了明朝時質變成極有侵略性的種族。在野心家的鼓吹下，消滅中國成了大和民族的歷史使命，從明朝到民國，他們共發動三次大規模「亡華之戰」。這些歷史，現今一般中國人大多不知道原因，乃至黃埔人也不知道「日本人為何一定要消滅中國」！

筆者在許多著作中，不斷的重述此事，其目的就是要使更多的中國人、今之兩岸黃埔人，以及後世炎黃子孫，都要嚴防這個惡鄰居，並儘早處理掉這個人類演化中的「異種」。所謂「處理掉」，就是儘快使其亡族亡國亡種，永不再危害亞洲乃至世界人民。

壹、倭國亡華之戰的開始：中日第一次朝鮮七年戰爭

大約四百多年前（我國明朝時代），倭國日本的野心家就在覬覦中國的地大物博，物產豐富，自然條件無限華美；反觀自身所處的列島，地小災難多，資源稀少，產生了無限自卑，又擴張成無限自大的侵略性。織田信長和豐臣秀吉，都曾感嘆說：「不幸生在這狹小列島，難以發揮大志。」

在織田信長當國時代（一五六八到一五八二年逝世），即倭國史上所謂戰國時代到安土桃山時代。織田掌政期間，終結了持續二百多年的室町幕府，他感嘆自己所處國土的狹小不足，提出「假道朝鮮西征中國」構想，並於消滅明朝後，建立一個東亞大帝國。可惜直到他一五八二年到地獄報到，他的構想仍然只是一個構想，但這個「大不和」民族的潘朵拉盒已經被打開了，且成為「大不和」民族神話式的歷史使命！

在我國明萬歷十年（一五八二年），豐臣秀吉（一五三八到一五九八年）繼織田信長而起，平定倭國各地方割據勢力，完成了倭國在形式上的統一。他提出統合「中日朝鮮」，使三國合而為一的「國家戰略計畫」，並積極整軍經武，公開宣告將按計畫從朝鮮建兵中國，統一東亞，建立「大日本帝國」，成為亞洲盟主，成為全亞洲的最高統治者，是日本的神聖使命。

吾國明萬歷二十年（公元一五九二年、朝鮮宣祖廿五年、倭國文綠元年）四月十三日，豐臣秀吉終於啟動亡華之戰。此時三國之兵力比分別是：倭國有三十三萬軍、朝鮮二十萬軍、大明有八十萬軍。

四月十三日，倭軍以小西行長為前鋒，率軍二萬多人，大小艦艇七百艘，由對馬海峽奇襲釜山。才四天朝鮮第一線全告瓦解，倭軍兩路北進，沿途望風披靡，所遇朝鮮軍皆不戰而降。五月拿下漢城（今首爾），再北進兵不血刃取下平壤，只用兩個月就佔領朝鮮半島全部。朝鮮王李日公逃到義州（在鴨綠江邊），等待明萬歷皇帝的大軍來援，期待明軍打敗倭軍才能復國。

在歷史上，朝鮮軍碰上倭國軍就先垮了，是很奇怪的現象，因為朝鮮是大明之屬國，所以朝鮮在歷史上對中國有依賴。這種問題是歷史和地緣戰略所形成，就算到廿一世紀也不會改變，今之北韓金氏政權若非有中國在旁邊靠著，早就和伊拉克海珊與利比亞格達費同樣下場。

在明朝到了萬歷皇帝，名將戚繼光等早已謝世，主持國防軍事是一個叫石星的書生，並非大才。在倭軍入朝初期，只派遼東巡撫發兵五千，以為可以解決小日本鬼子的倭軍。結果半島快速淪陷，才感事態嚴重，開始調動大軍援朝，這是中國第一次「抗倭援朝」。

這場戰爭從萬歷二十年四月，打到萬歷二十六年底，倭軍雖前後投入約三十萬，最終被中朝聯打到全軍覆滅。倭國的第一次亡華之戰以慘敗收場，史稱「中日朝鮮七年戰爭」。

當這場戰爭打到萬歷二十六年夏秋之際，正在這最後關頭，中朝情報人員，得到倭國一個「最高機密」，豐臣秀吉已在八月十三日病死，臨終遺命有：

㈠德川家康繼掌國政，收拾殘局。

㈡痛悔發動此次戰爭的錯誤，怕明軍大舉來犯。

㈢從朝鮮撤兵，「勿使十萬兵成海外鬼」。

倭國最後的殘兵敗將約四萬六千人，準備要撤回倭國本土。中朝聯軍部署最後的「露梁海上殲滅戰」，倭殘軍幾乎被全部消滅，中朝獲空前勝利。經此一戰，小日本鬼子乖了將近三百年，可能怕了。但到十九世紀，他們內心的侵略欲望（歷史使命），又被政客野心家喚醒，給亞洲乃至世界人民，帶來無窮災難。

貳、倭國給中國、亞洲和全世界製造的無窮災難

第一次「亡華之戰」的朝鮮七年慘敗後，倭人國進入長期休養生息狀態。十八世紀開始，他們的「歷史使命說」又被野心家喚醒。按史料證據，十八世紀中葉後，倭國的教育體系已啟動了「國家洗腦機制」，

開始從中小學教育入手，謂未來的夢想希望在中國某地，國境線應擴張到中國某處，要建設一個東亞大帝國等等。

經此洗腦數十年到百年，人民不知不覺充滿魔性侵略思維，這就是一種「溫水煮青蛙」式的洗腦，如今之台灣人全被野心政客牽著鼻子走，任由政客玩弄。到了十九世紀，倭人國開始行動了，四鄰災難於焉臨頭，條列大要如下：

△**一八七三年四月**：中日《修好條規》交換批准。次年倭國即背信於五月出兵台灣（牡丹社事件），這是倭國第一次出兵台灣，奇怪是腐敗的滿清竟還償給倭國銀款五十萬兩。

△**一八七九年四月**：倭國出兵併吞琉球，作為從海上進兵中國的第一起站，後改名沖繩。（註：琉球本是明朝朱元章賜名的王國，從滿清到民國至今，中國都不承認倭國的佔領。）

△**一八八二年起**：倭人不斷在朝鮮製造兵變、政變、兇殺案件等，企圖引發朝鮮內部動亂，創造倭國可以出兵佔領的機會。

△**一八九四年八月**：是年五月，倭國在朝鮮挑起動亂，六月朝鮮請清政府派兵入朝平亂，清軍入朝。八月中日「甲午戰爭」爆發，至次年

三月清廷戰敗簽《馬關條約》，倭國竊佔台灣。

△**一八九四年十一月**：倭國佔領旅順、大連兩城，在兩城進行大屠殺，平民死數萬，旅順全城活口只剩三十六人。

△**一九〇〇年**：倭國也是八國聯軍之一，吾國之天津、北京受到嚴重破壞，國寶被盜搶不計其數。

△**一九〇四年二月**：日俄戰爭在中國領土開打，倭國佔領遼東半島。此期間有無數中國百姓死於日俄之戰，非參戰國而死人最多，真是天下奇聞。

△**一九一〇年八月**：倭國正式併吞朝鮮，年底設朝鮮總督。

△**一九一一年**：加強干涉中國辛亥革命，害怕中國改革強大，積極策劃「滿蒙獨立運動」，企圖先分裂中國。此時倭國對「亡華戰略」有了新的構想，他們計畫先分裂中國，再逐一消滅。

△**一九一五年**：向袁世凱提出「廿一條件」，此廿一條件若完全答應倭國的要求，中國在實際上也亡了一半，因為國家生命資源全被倭人控制了。

△**一九一六年**：三月倭國又策動第二次「滿蒙獨立」，八月「鄭家

屯事件」，九月「朝陽坡事件」，都是倭人以實兵武裝挑起戰火，不搞垮中國誓不休！

△**一九二〇年：**倭軍入侵吉林省，五月製造「五州慘案」，十二月倭軍入侵東北。

△**一九二七年：**四月倭軍在漢口製造「四•三慘案」，七月登陸青島，侵入濟南，次年製造「濟南慘案」，屠殺我平民六千多人。

△**一九二七到一九三七年：**倭國急迫要發動「亡華之戰」，這十年算是對中國發動全面戰爭的「緒戰」，已有無數中國子民無端死在倭人侵略戰火下。對我國而言，算是「抗戰前期」，如「九一八事變」、「一二八淞滬戰役」、「長城戰役」、「百靈廟大捷」。

△**一九三七到一九四五年：**倭國全面進攻中國，是我國的八年抗戰（含前期則十四年抗戰）。此期間，人命財產損失，不可計量，光是軍人戰死至少三百多萬以上，平民直接間接因戰爭而死恐有上億人。

△**其他各國傷亡不計其數：**包含美日開戰、倭軍入侵越南、新加坡、馬來西亞、菲律賓、印尼、緬甸等各國，傷亡亦難以估計。

而倭國自身，也有數百萬軍人死在戰場，平民之死更不在少數，光是兩顆原子彈至少死三十萬人，最後的「東京大轟炸」，一夜就死了十多萬人。為了他們的鬼祖先織田信長和豐臣秀吉，留下一則「侵略神話」，這個「大不和」民族便生生世世中邪了，失去成為「人」的本性，不會反省、不會檢討，只會殺人、吃人和強姦女人。這就是大和民族，大不和民族啊！

這樣的類人種族存在地球，是地球的禍源，是亞洲和世界的災難！要怎麼辦？血債只有血還！消滅其現今全部人口，才算公平還債！

很多人說要日本賠錢，那全是空話，倭人連道歉都沒有，他們連侵略罪行都不承認，怎會賠款？再百年也要不到半文賠款。只有血債血還一途！為救亞洲各國免於再有倭人災難，應儘早消滅這個「異形」。

這個已俱「天生侵略性」的劣質「大不和」倭種，不該存在地球上。吾國當代著名的思想家、文學家吳明興博士，對「倭種」有深入研究，他指出倭國人不會「笑」，也不會「哭」，就是一種獸性的證據，這種「人形獸」對眾生是有害的，儘早除之為妙！因為倭國經過第一次亡華之戰、第二次甲午之戰、第三次民國十四年之戰，都未能滅亡中國，他們早已又啟動「第四次亡華之戰」。

參、倭國「第四次亡華之戰」與大日本帝國建設戰略計畫

許多醉生夢死的中國人，不知道這個惡鄰小日本鬼子早已啟動「第四次亡華之戰」，甚至沒有醉生夢死的一般中國人也大多不知道。而事實上，二戰日本雖是戰敗國，但他們骨子裡要建設東亞大日本帝國，要啟動消滅中國的亡華之戰，依然存在他們的「歷史基因」中，他們的高層政治勢力也從未忘記他們的歷史使命。

二戰後倭國積極恢復他們的軍事力量，進行一系列的「產軍一體化」，把軍火工業藏於民間，更把製造核武的原料和技術，分解分散在民間。至今他們可以說已推翻了「和平憲法」，重返軍國主義之路已高高舉起大旗，他們的軍事力量（不含核武和美軍），在全球排名，目前（二〇二三年間）不是第三名，便是第四名。以下就是倭國保存在高層的一份《第四次亡華之戰與大日本帝國建設戰略計畫》，以倭人之第一人稱述

之：

第一步：滅亡中國 征服亞洲

欲亡中國，須先分裂削弱中國。在我們幾十年努力下，透過島內代理人的引導，對台灣的再皇民化，到二〇二二年間，已有初步成果。下一步，就是要對台灣完成絕對控制，引導台灣人去對抗並分裂中國。即使有這成果，我們也才走到〈分裂中國計畫〉的第一步。而新疆、西藏、滿州，我們顯得乏力，我們大和民族在這狹小的列島上，發展已到極限，不儘快滅亡中國，我們會陷入崩潰。

但是，我們多年來嘗試對中國西部的分裂工作，中國政府似已察覺到我們的計畫，而製訂了《中國西部開發戰略》，這個具有民族同化作用的戰略，不但有經濟目的，更有重大的戰略目的，這勢必封殺了我們分裂中國的大戰略計畫。

但事物總有相反的作用，隨著漢人向西部少數民族區域遷移，勢必增加漢人與少數民族磨擦和矛盾，難以形成穩定和鞏固。這就是我們大好的機會，運用我們潛伏的代理人，製造挑起漢人和少數民族的矛盾，再將矛盾擴大成對立和仇恨，就可以發展成對我們有利的局面。只要這種局面形成，就打開了分裂中國的開口。因此，對於中國西部地區的滲透、培養代理人的分裂計畫，要更秘密並堅定的執行下去。

在分裂滿州的計畫執行過程中，受到來自韓國的阻力，我大日本皇軍至今難以踏上韓國領土。對於韓國的控制，一者要積極培養代理人，再者透過外交，利用美國強大的壓力，可使韓國受制於我。到二〇二三年春，我們對南韓的控制取得重大突破，這對我們要進行滿蒙分裂的計畫，都是一大助力。

在利用美韓聯軍制壓北韓，中國可能會干涉，這也是我們大好的良機。要促使台海爆發戰爭，或引燃第二次朝鮮戰爭，使我強大的大日本海軍艦隊，一舉摧毀中國的艦隊，如同當年摧毀美國的艦隊一樣。在當前的中美敵對關係下，摧毀中國艦隊，美國會同意，台灣人也會支持，因為台灣人現在已是我大日本國天皇之皇民，這要感謝我們的代理人李登輝、蔡英文等百餘人。我們正在經由他們的操作，把台灣化成我們大日本皇軍的軍事基地，相信此日不遠了。

只要聯合美、日、韓、台之海空軍，以迅雷不及掩耳的奇襲，打掉中國的海空軍，使其喪失海空權，中國人對於我們制壓北朝鮮的反應或支援，就會力不從心。支那人的精神士氣都會大受打擊，必將再陷入我大日本皇軍的掌控之中。因而，中國政府威信大受打擊，向心力大大減弱，其「維穩」基礎被打破，各地區及少數民族分裂勢力高漲，則中國再陷內戰，終至分裂。我們的機會來了，在滿蒙重建大日本皇軍之關東軍本部，為滅亡漢人統治下的殘餘中國做準備。

在我們消滅中國的進程中，有一股勢力值得注意，就是我們百餘年前的手下敗將俄國人，現在的俄羅斯會出兵干預嗎？其實這問題不大，因為衰弱的中國，對俄國是有利的。再者，通過「俄烏戰爭」的觀察，發現俄羅斯沒有想像中的強大，甚至他們的軍事實力不能支持一場現代像樣的戰爭，經濟基礎太弱的關係。

到底要在何時發動我們的「第四次亡華之戰」？開啟建設東亞「大日本帝國」計畫進程。這是一場聖戰，從二戰之後我們就著手準備，從南韓親日和台灣皇民化成果，證明我們幾十年來的努力全都值得安慰。至於正式發動聖戰，只是時間和時機的把握，分述如下：

第一、從二戰後，我們留在台灣的潛在力量，在我們秘密培養下，到現在已算完全掌控台灣的政經權力，皇民化有成，台灣的親中勢力已被擊垮。台獨勢力的壯大是我大日本國皇軍力量的延伸，是打開分裂中國的第一道破口。而中國因恐懼各國制裁，至今不敢冒然武統台灣，只會不斷強化軍備。我們也正好借機提升三軍戰力，做好發動聖戰的一切準備。

第二、我們對於台灣人的「再皇民化」已算完成，現在到未來不論誰是台灣領導人，皆聽命於我日本國天皇，已無疑義。下一步是令台灣領導人宣佈《台灣獨立宣言》，挑動中國攻台，台海戰爭爆發後，應台灣要求，我皇軍立即進駐台灣，助台軍作戰。同時，日美聯合艦隊向中國宣戰，奪取海空權。

第三、當我皇軍在台灣助戰取得局部勝利，日美聯軍又已奪取海空權，俄羅斯可能出面調停，會有暫時的停戰。而此時，我大日本國軍隊已在台灣取得合法駐軍權，當然要進一步鞏固統治權，因台民已被我們「皇民化」，所以反對勢力（親中的）完全起不了作用，台灣已被我們牢牢的控制，跑不掉！

第四、在分裂中國的所有「子計畫」中，台灣是成功的案例。數十年來，我們也配合美國和西方各國的戰略計畫，推動藏獨、疆獨、蒙獨、滿獨和港獨的培養，暗中培養了我們的代理人。皇軍掌控台灣後，對推動中國少數民族獨立運動，有很大助力，可使中國陷入內亂。

第五、在適當時機，由我們在台灣的代理人策動發起，先由「台灣民間代表」上書我大日本國天皇，表示「所有台灣人願意成為天皇之子民」，「為大日本帝國奮戰」；之後由台灣政府發表聲明，「同意日台一體化」，這是為「台灣併入日本版圖」做準備。

第六、到了這個進程，日、美、韓、台四股軍事力量，加上澳、菲、加和北約部份戰力的配合，中國戰力受到全面制壓。聯軍收復北韓，宣布半島完成民主統一，中國無力援朝，我日韓台聯軍進軍滿蒙，重建關東軍本部。最後相機對中國發動全面戰爭，一舉滅亡中國。

第二步：鞏固亞洲地位　稱霸世界

大日本國在消滅中國後，當然就在原來的中國、朝鮮、台灣，包含原日本列島上，建立了東亞「大日本帝國」，由天皇所統治的大帝國。

這個大日本帝國當然也要以大和民族為主體，由大和民族統治所有其他民族，因為大和民族的文明文化精神最優秀，支那的文明文化精神太劣等，必須要消滅或進行改良，加入「大和元素」。

為了要消滅或改良劣等的支那文明文化，乃至消滅劣等民族。要全面改變教育內容，所有人必須重新學習大和文化的一切，在這片超廣大的天皇國土上，重新培育出「大和支那人」、「大和朝鮮人」、「大和台灣人」、「大和滿州人」、「大和蒙古人」……等等。如此整個亞洲就全部統一在我們大和民族之下，至於另外越南、泰國、尼泊爾、印度……等亞洲次等國家都是不堪一擊，必然也要聽命於我天皇，在我大和民族統治之下接受必要的改良培育。不接受改良培育的劣等者，沒有存在價值，對我天皇沒有貢獻用途，只有被消滅一途。

這種改良培育可能要經歷幾十年，最終整個亞洲不但統一成一個國家，就是我偉大的「大日本帝國」；亞洲也要統一成為一個民族，就是我神聖的「大和民族」，只有一個最高統治者，就是我大和民族之天皇。

要實現這個偉大的目標，要靠我大和民族強大的團結力、超人的智慧、無畏的奮進，主要是我大和民族高於其他民族之文明文化。那些經過我們改良培育的民族，都將徹底臣服於我們大日本帝國腳下，永遠對我們無限忠誠，我們牢牢的控制住全亞洲，下一步就是要征服世界，完成大和民族最後的使命。

要完成征服世界的神聖使命，光是依靠我大日本國的力量，必然是遠遠不夠的，必須借力使力。美國始終是我們可利用的強大助力，表面上看過去那數十年，好像美國在利用我們，但深層的本質是我們在利用他們，例如對於朝鮮的掌控和台灣「再皇民化」，美國都發揮了助力。美國人聰明而智慧不足，是可利用的好幫手。

美國是我們大和民族征服世界的好夥伴，首先利用美國制壓歐洲，協助德國日爾曼法西斯政黨重掌政權，再利用德國日爾曼人征服歐洲。歷史證明在上一次聖戰中，日德意簽署一份盟約，允許意大利人加入聖戰是錯誤的，羅馬帝國的後裔已失去奮戰精神，如今更成為無知的劣等民族，與廢物只差一步，只有被統治的命運。如同我們祖先，崇尚漢唐人，在退化成為劣等漢人後，也只有被我們大和民族統治的命運。

當美國與德國聯合控制了歐洲，而我們早已統治全亞洲，再合力從東西兩側進攻俄國，一舉合力消滅了衰弱的俄羅斯民族。之後，日美兩大帝國，可以輕而易舉的制壓德國，令其代理我們統治歐洲。

大和民族的奮戰進程，走到這一步，可以說是征服世界的最後一里路。此時，這世界只有兩大帝國，歐洲已被兩大帝國瓜分，各有勢力範圍。這兩大帝國是大日本國和美帝國，所謂「一山不容二虎」，世界上已有我大日本帝國，哪能容得下另有一帝國。因此，這最後一里路，就是先分裂美國再一舉而消滅美國。

按照我大和民族的高等智慧，以往分裂台灣、朝鮮，更大的分裂滿蒙和歐洲都是成功的。如今要分裂美國也一定成功，分裂後再逐一消滅，我大日本國終將完成征服世界、統治世界的神聖使命。

肆、天譴倭族與廿一世紀中國人的天命天職

前項第四次亡華之戰與大日本帝國征服世界，不論誰看都是一種痴人夢話，乃至是科幻之作。但放到日本右派勢力高層，他們可不認為是夢話科幻，而是真實的歷史使命，堅持必須完成的聖戰，一百年不完成，二百年、三百年……終必完成，這是他們的信念。因此，數百年來，才

給中國、亞洲、世界，包含他們自己的人民，帶來無窮災難。

日本製造太多的災難受到天譴，這也不是筆者所言，而是他們的右派份子東京都知事石原慎太郎，在「三一一大浩劫」時所說。實際上日本人內心最深的恐懼，就是列島瞬間全部沈入海底，導致大和民族突然亡族亡種亡國，他們自拍一部電影《日本沈亡》，就是在釋放這種可能瞬間滅亡的恐懼感。

日本列島為何會沈沒？來自美日一群科學家的調查，證實馬尼亞納海溝「北擴」，導致日本列島地底深層已經空洞化。這種情況很危險，有如房子地基下空洞化，房子受到外力就容易倒（下沈）。日本列島的危險，在一旦有大地震、海嘯、富士火山爆發，就會造成全列島沈入太平洋深處，這是小日本鬼子最深的恐懼。

在二戰末期，美國和蘇聯研究如何消滅日本的有生力量。美國只小意思的丟了兩顆原子彈，蘇聯正計畫更兇狠的，要把炸彈投在富士山火山口，引爆富士山火山，將使日本列島瞬間沈沒，使其亡族亡種亡國，永絕後患，亞洲就安靜了！結果美國下手後鬼子就投降了。要是晚些投降，叫蘇聯執行了計畫，二戰後就沒有「日本國」了，中國人永遠安心睡覺，今天也許就沒有「台灣問題」。

在本（廿一）世紀中葉以前，終極的解決「日本問題」，才是中國統一最後之戰，必須徹底消滅倭人，使其亡族亡種亡國，收服該列島改設「中國扶桑省」（暫訂）。這要進行大破壞、大建設，僅有眼光的中國大戰略家，才能完成這項中國人的天命。滅倭，是中國人在本世紀中葉前之天命，也是天職天責。

若不儘早完成此項天命，等到小日本鬼子發第四次、第五次……亡華之戰，滅亡中國，真的神州大地就給倭人統治了。是故，終極處理日本問題，徹底滅了倭族，是中華民族最後的統一之戰，戰後該列島（若尚未沈沒）改成中國的一個省區。這整個過程所能選擇的手段，只有兩種，但只有一種可行。

第一種，用傳統武力（即不用核武）：所費時間很長，戰爭會拖很久，會有很多變數（國際干預），很難「功德圓滿」。假設，這場滅倭之戰在二〇四〇年啟動，中國要動用陸、海、空、天之強大火力，一舉摧毀日軍之指、管、通、情等等系統，再針對有生力量的重要目標，轟炸兩個月。最後再以數十到百萬軍隊登陸，收拾殘餘倭軍，並完成軍事佔領，實施軍管數年。

傳統武力費時長，需要動員的兵器數量極大。以二戰末期美國對日本所有大城市，進行無差別大轟炸數月，炸死平民恐上百萬。但對於使其「亡族亡種亡國」所要投入的戰爭規模，仍遠遠不足。

第二種，使用核武戰：使用此一終極兵器要訣在秘密、快速、攻其不備，以迅雷不及掩耳之勢，一舉發動，數小時內宣佈結束戰局，國際亦來不及反應就結束了。如二戰美國丟下兩顆原子彈，亦如此法則。

中國人要終極解決「日本問題」，使亞洲地區永久和平，只此一途，別無法門，就是用核武滅了倭國。以現代核武之威力，大約在北海道、東京、大阪和本州地區，投下四或五顆核彈，就能消滅倭國七成有生力量。當然，會有殘餘倭軍反擊，但中國承擔得起，也值得承擔。

為什麼說「中國承擔得起、也值得承擔」？這當然和中國幾千年來的立國精神、人口、資源等條件，以及「本世紀中國人的天命天職」有關。略說之。

第一、中國立足東亞數千年，不論強弱都是第一大國，強盛時是東亞盟主。故立國精神除確保自身和平安全，也負責確保周邊地區的和平安全。倭國威脅亞洲安全，滅倭就是中國人的天命天職天責，必須要承擔，也是值得承擔，中國才能有尊嚴的立足東亞。

第二、以中國的人口、土地及一切資源之體量，足以支持滅倭之戰，就算長期打傳統戰，也足以拖垮倭國。小日本鬼子要亡中國，千年萬年也沒機會；中國人要亡倭國，並不難。只要中國人自覺這個天命，用傳統戰或核戰都能消滅日本，故說中國承擔得起。

第三、面對廿一世紀的地球村，小日本鬼子又成為全村的禍害，將給全村帶來災難。若不儘快除害，全村如何安寧？全村婦女哪能安心？隨時又成了倭軍的「慰安婦」。中國人有責任、有義務為全村除害，中國承擔得起，也值得承擔。

核戰後，該列島已是一片焦土（若尚未沈入海底），剩餘人口必須進行大移民，移到亞洲內陸各國或邊疆，同時間放亞洲各國人口移住列島，改成「中國扶桑省」（暫訂）。從此，會有數十年大建設，約三十年（一代人）後，地球上再也沒有「大和民族」這個劣種。從此亞洲各國不再擔心「小日本鬼子」殺來了，各國婦女也好安心過日子，不用再擔心被日軍拉去當「慰安婦」。更重要者，眾多百姓不用擔心被強迫「皇民化」、被強迫「改良培育」，亞洲從此成為「太平村」。

用核武解決「日本問題」雖有人道考量，但比較幾百年來，倭國發動第一次、第二次、第三次，超大規模的三次「亡華之戰」，以及對世界各國的侵略，所造成的人命死傷，拿現在日本總人口來血債血還，算起來便宜又公平，可能不夠還。所以是合乎人道，更合乎佛法上的因果律，倭國若不亡，因果豈不妄言！

伍、結 論

我問讀者、看官、所有中國人一個問題，你世世代代祖居之地有個搬不走的惡鄰居，他殺了你的曾曾祖父母，又殺了你的曾祖父母、祖父母，你父母也是他殺的，他也殺了很多你的親友。現在你和你的兒孫也不安全，因為他早已積極準備發動「第四次亡華之戰」，會死更多人，帶來更大災難，你怎麼辦？

倭人從他們邪惡的先祖織田信長和豐臣秀吉，以其邪惡之心打開了

「潘朵拉魔盒」，釋放出所謂「消滅中國是大和民族的歷史使命」。從此以後，等於給倭人子孫自造災難，也給中國、亞洲和世界人民製造災難，此種如同異形之「惡種」，不該存在地球上。

亞洲各國之中，受害最深最慘而如今有能力終結「日本問題」，是廿一世紀的中國人。放眼現在到未來，中國四鄰最危險的鄰居，只有小日本鬼子，消滅倭國，使其亡族亡種亡國，改設「中國扶桑省」（暫訂），是廿一世紀中國人的天命，且應儘快出手完成。

有人或許仍有疑問，非要用核武滅了這個惡鄰居嗎？這只能說為使更多人免於受害，先下手處理的「必要之惡」。佛經中有一則典故，佛陀曾在有一世，知道了一個惡人要謀害五百個善人，就在緊要關頭，佛陀不得已先下手殺了那個惡人，救了五百善人。

倭人的侵略性、殘暴性、非人性，已經存入他們的倭種基因，他們表面上的有禮文明全是假相。如果說地球上有什麼不該存在的物種，就是東洋這些倭種了。

數百年來，很多中國戰略家、政治家，都在思考如何終極解決倭患「日本問題」，皆未得滿意的答案。這或許時機未到，尚未有人覺悟出

「中國人的天命」，我以第一個中國人的覺悟，首次提出以核武終結「日本問題」，改設「中國扶桑省」的大戰略構想。

我以此大戰略構想（至少已在十本著作中提出），獻給現在到未來的所有中國人，希望有更多的中國人覺悟，才能在時機成熟時，一舉而完成這個中國人的天命。給未來廿二、廿三……世紀的炎黃子孫，以及全亞洲、全世界的人民，一個可以安心生活的家園，倭國不滅，大家生生世世的子民都不安全！

第二篇　圖片集錦

上圖：中央陸軍官校成都分校

下圖：民國39年剛剛復校的陸官大門

新建完成的陸軍官校大門

陸軍軍官學校鳳山校門口

31年後，民國90年同學會中，已有許多將軍、作家、總經理、董事長，及當祖父的。二排左五是我。

大陸方面封我爲「台灣軍魂」、北京軍事文摘以我的上校受階照爲封面人物，標題台灣「軍魂」陳福成之謎。

59 年預備班三年級，「毛」都沒長齊，前排右一是我。

四年級打野外，攻佔山頭後歡呼，右三是我，是否有人還
記得這是「M1」步槍？

進軍校後第一張寄回給媽媽的軍裝照片。

在預備班精神堡壘，59 年（已拆除）

軍校畢業與兩個死黨合照，時在民國六十四年六月。

86 年元旦晉陞上校，六號在台灣大學蘇杭餐廳（原僑光堂）舉辦餐會，這天，台大的三長、教官、老師、職員到了一百多人，席開十餘桌。校長陳維昭教授親臨主持並頒階。

86 年元旦台灣大學教官晉陞人員與長官合照，左起：陳國慶、林怡忠、蔣先凰、處長宋文將軍，總教官李長嘯將軍、我、吳元俊、詹源興。

官校二年級合照，前排左二是我。左一是好友翁思德，曾任三軍大學戰略教官，五十歲時因病去逝，實是國家與家庭的損失。

預備班三年級與同學劉建民合照，背景是黃埔湖畔，現在精神堡壘都不見了，59 年。

在小金門當營長，與四個連長合影，79 年 6 月。

84 年歡送總教官韓懷豫將軍（中間著戎裝），全體教官
在台大行政大樓前合影留念。我在二排右二。

在八軍團幹了一年營長輪調小金門，官兵列隊歡送，
我正後方掛值星帶的是副營長王東祿少校、和輔導長
吳建坤少校。野戰部隊很重視這方面禮節，78 年 4 月。

一群在各級學校打拚的革命夥伴…教官們，後排左一是作者。

獲頒著作金像獎時，國防部邀眷屬（太太）參加。

獲頒金像獎時與得獎人員（同學）合影留念，74 年。

讀研究所時獲國民黨文工會的論文獎，左六是我。

創作者：左起：林利國、林曉、我（我們三人同是預五連同學），

新世紀的朋友們

67年到69年駐守馬祖高登島掠影

士官兵與無名英雄銅像。

指揮官、各連長、連輔導長，後排左一是作者。

在高登台，68 年春節。

與連上官兵弟兄合影，我們平時任務是驅離大陸漁船，數千機漁船圍困高登島是常有的事。

與同學遊省議會，左起：解定國、陳鏡培、我，60年

與同學共遊梨山，59年，這年大雪，左起：解定國、林義俊、我。

82年，在花防部砲指部當副指揮官，與同學袁國台兩家人參訪慈濟。

長青一家人（含狗共 17 位），92 年暑假。

與同學出遊，左起：莊岳飛、郭榮州、我。62 年。

前排左起：陳方烈、黃國彥、曹茂林、陳福成；後排左起：郭龍春、陳報國、解定國、林鐵基、袁國台。(2020.12.17 台大品軒樓試吃，背景是鹿鳴堂。)

同前，台大鹿鳴堂前。

同前，台大品軒樓。

台大鹿鳴堂前

前排左起，解定國、袁國台、童榮南、黃國彥、虞義輝，
後排左起：桑鴻文、李台新、陳方烈、金克強、陳福成、陳報國。
（第 19 年第 57 次餐敘，2021 年元月 13 日，台大品軒樓。）

台大生命科學館前。

台大舟山路旁夢湖邊。

台大品軒樓

左起：盧志德、陳福成、陳方烈、黃國彥、周立勇、童榮南、解定國、陳報國、林鐵基、袁國台，2021 年 3 月 30 日，台大校園遠足。

同前，台大正門口。

上圖：同前，台大行政大樓前。
下圖：同前，台大傅鐘前。

同前，台大醉月湖畔。

同前，台大醉月湖畔中午簡餐。

前排左一劉建民、右二路復國

官校三年級學生照，民國 63 年。

二〇一〇年六月二十四日，參加台大宜蘭藏酒莊一日遊。

結婚在我的年代是「志向」，在現代是人生的「石頭」。

鍾聖賜先走一步，他說目前讀「西方極樂陸軍官校」，神奇的是，校長竟然還是老校長蔣中正先生。

幾年前（約民 88）在石門水庫，當時已不迷航了！

前排左起：盧志德、陳福成、陳家祥、童榮南；後排左起：袁國台、解定國、黃富陽、林鐵基、周小強。

我（左）和同學指揮官路復國（右），在寢室內。82 年 8 月 18 日。

「微型同學會」留影。

「微型同學會」留影。

「微型同學會」留影。

「微型同學會」留影。

製作、攝影：洪玲妙

我和虞義輝於民 78 年研究所畢業，兩家人合照紀念。

台大系列，參加台大登山會，到 2004 年止，我完成百岳山的 24 岳。

很久以前……

參加台大旅遊，左是主任教官吳信義

2002 年 7 月，登雪山主峰、東峰、翠池。右是台大主任教官吳元俊。

民國百年 4 月 3 日參加早餐會，與樞機主教單國璽合影。

2011 年 11 月 23 日，台大退聯會苗栗南庄一日遊。

其實，「夕陽紅」是最美的！

美好的人生這樣過！在橋頭糖廠吃冰

台大退聯會，2010 年 12 月。

台大退聯會花蓮慕谷慕魚、兆豐二日遊，2012 年 9 月。

與妻在後慈湖。

台大退聯會花蓮二日遊。

在山西洪洞根祖文化園區。

大陸系列，師兄弟三人山西洪洞尋根

參加山西芮城永樂宮文化活動，在主席台上。

在山西舜帝陵

參觀山西芮城劉焦智兄弟的祖居

找到「根」了！

藝文界

在山西芮城永樂宮

在山西關帝廟（關公的運城老家）

前排左起：
王潤身、本書作者、余水雄、方矩
後排左起：
紀進福、黃武皇、杜建民、王道平

97 年湯山聯誼會

向老師長陳廷寵將軍敬酒

2010 年 12 月湯山聯誼會

同學會各項活動

右上圖：預備班三年級時（民 59-60）全班合照，我在前排最右，林利國（前排右四）；二排右一劉建民、右三童榮南、右六周小強、右七解定國；後排右一史同鵬、右二林義峻、右七盧志德。本班也有幾位走了。

其它圖：同學會各項活動

國軍部隊正於台兒莊車站集結（1938.03）

徐州會戰爆發，國軍於台兒莊附近積極部署禦敵。（1938.02）

抗戰前的國軍摩托化部隊，車輛與裝備都必須外購。(本照片出自英國倫敦畫報1938.02.19刊)

上圖：一二八淞滬戰役，國軍與日軍進行巷戰。
(1932.01.28)
下圖：抗戰前的國軍摩托化部隊，車輛與裝備是外購的。
(1938.02.19 英國倫敦畫報)

綏遠百靈廟一役中的國軍砲兵部隊（1936 年）

盧溝橋頭哨戒的國軍士兵（1937.07.07）

淞滬會戰前夕，國軍士兵與著軍裝的孩童合影，象徵保家衛國不分長幼。

國軍維克斯戰車，砲塔上的「龍」字為其單位代

國軍在鄂西三峽地區行軍後集結於渡口。（1943.02）

金陵女大校長吳貽芳代表我國於美國舊金山簽署《聯合國憲章》。（1945.06.26）

劉放吾團長率新38師113團於緬甸仁安羌解救被圍困之英軍、美國傳教士以及記者，共7,000餘人，史稱「仁安羌大捷」。

援華物資經滇緬公路到達昆明後，還須進入貴州經由「二十四拐」，最終才能運往陪都重慶和前線。

駐印軍與遠征軍於芒友會師，滇西反攻作戰勝利結束。（1945.01.27）

蔣宋美齡於美國國會演說，呼籲中美攜手對抗日本侵略。（1943.02）

空軍英雄徐華江與 I-15 座機合影。（1939.02）

國軍攻克廣西崑崙關，殲滅日軍第 21 旅團 4000 餘人，官兵展示所繳獲的日本軍旗。（1939.12）

國軍於長城隘口羅文峪附近組織戰線。(1933 年長城戰役期間)

徐州會戰爆發，國軍部隊向前線調動。（1938.03）

駐美大使魏道明於華府和美國簽訂平等新約，此乃「司法節」，的由來。（1943.01.11）

第一次長沙會戰中，國軍官兵以重機槍向敵軍猛烈掃射。

（1939.09）

第三篇　鳳山復校後與補充

老校長最後一次主持校慶，隔年筆者才進軍校

陸軍官校 27 期畢業，先總統蔣中正頒發績優學生獎狀。（1958.09.30）

第六章　鳳山復校後概況

第二四、二五、二六期

陸官第二四期於民國四十年三月九日入學，入校人數為一千零一人，於民國四十二年六月十六日畢業，畢業人數為九百六十五人。

另有戰車隊因在民國三十九年六月提前招生，並提早於民國四十一年三月畢業，畢業人數一百九十二人。

高射砲兵隊委由空軍防空學校代訓，之後於民國四十二年回鳳山本校受山野砲訓練，並參加畢業典禮，在校賦予第九中隊番號，畢業生有九十二人。

故第二四期總計畢業一千二百五十二人（同第二章）。

第二五期於民國四十一年四月一日入學，入校人數有一千多人，於民國四十三年八月三十一日畢業，畢業人數為九百二十九人。

第二六期於民國四十二年九月上旬入學，入校人數有一千多人，於民國四十四年八月三十日畢業，畢業人數為一千零十六人。

以上三期都採大陸模式，就是接受二年到二年半的軍事和分科教育訓練，然後下部隊任基層幹部。每一期都破千人，因為當時陸軍急需大量基層幹部。

陸軍官校 24 期畢業典禮

陸軍官校 25 期畢業典禮

陸軍官校 26 期畢業典禮

第二七期開始改大學教育四年制為新制第一期

為提昇軍職幹部水平，民國四十三年入學的第二七期，改為比照大學教育四年制，平時以學科教育為主。到寒暑假實施軍事訓練，每年暑假集訓十週，畢業後掛少尉階級，授予理學士學位，再到各兵科學校受分科教育（初級班），服役年限為十年。

第二七期於民國四十三年九月進校，入校時有一百零九人，區分學生第一連（五五人）和第二連（五四人），每連三排，每排三班，共九個班；連長是二二期，副連長是二三期，排長是二四期，教育班長是二五期。

第二七期從入學到四十六年三月，校長是謝肇齊中將（六期的），到四十七年九月畢業時，校長是徐汝誠中將（也六期）。謝肇齊將軍是英國皇家軍校畢業，當初成立四年制軍校前，就以陸官教育長身分到美國西點軍校考察，回來後開始辦二七期招生。

第二七期於民國四十七年九月畢業，畢業生只有八十四人，因逢「八二三砲戰」，美國派一個力士飛彈營協防台灣，後來直接移交給台灣。

因此，第一個飛彈營準備成立前，直接從二七期中遴選二七位優秀學生，於隔年（一九五九）元月三日，派赴美國德州的貝力斯堡（Fortbliss,TEXAS）的防空學校受訓，同年七月六日回台，八月十六日成立第一個飛彈營。所以陸官新制的二七期，也是陸軍防空部隊的骨幹。

陸軍官校 34 周年校慶，27 期學生的服裝穿著

先總統蔣中正主持 27 期開學典禮

先總統蔣公主持 27 期畢業典禮

上圖：陸軍飛彈第一營的年輕軍官

下圖：陸軍飛彈第一營，未掛階的年輕軍官

第二八期以後、聯合畢業典禮、六七期開始招收女生

第二八期畢業生一百十三人，二九期畢業八十八人，三十期畢業一百十七人，三一期畢業一百六十七人，新制前五期總人數不如舊制一期。所以，從民國四十七年開始，陸官官校就設立預備班（筆者為預備班十三期，民國五十七年八月入校）。有了預備班基礎，陸官從第三二期畢業生是二百二十八人，三三期畢業生二百十二人，三四期畢業一百九十七人，三五期畢業二百六十四人，三六期畢業三百二十七人，三七期畢業三百六十五人，三八期畢業三百八十五人，三九期畢業三百七十三人，四十期畢業四百六十一人，四一期畢業四百七十五人，四二期畢業五百零二人。可見預備班的成立，對陸官正期人數很有成效。

從三九期開始（民國五十九年），正期生畢業改授中尉官階，四二期開始學科教育改在三年級結束，四年級上學期到各兵科學分科教育，四年級下學期專長訓練，畢業後就直接下部隊。

從四三期開始（民國六十三年），學科教育改在四年級上學期結束，下學期到兵科學校分科教育，畢業後直接下部隊，服役年限也延長五年，

就是服役十五年（陸官四三到四六期）。

民國五十一年，三軍官校和空軍飛行學校（五十七年併入空軍官校），開始舉行聯合畢業典禮（陸官三一期、海官五一年班、空官四三期），在陸軍官校舉行。民國五十六年，加入政工幹校（陸官三六期、海官五六年班、空官四八期），在陸官校舉行聯合畢業典禮。

民國五十六年，各軍事院校入伍生訓練，開始集中在陸軍官校實施，隔年（民五七）政戰學校也加入。民國六十三到六十五年，三軍官校六七到六九年班的入伍生，為了培養三軍間「親愛精誠」精神，於入伍生教育結束後，海官和空官校仍留在陸軍官校，進行一學期的學年教育。

第四四期入伍訓練，由四二期學長擔任，一直延續到四七期入伍訓練，四八期以後改由當年四四期的畢業生擔任，四七期改四年三個月，所以五一期以實驗性質由當年畢業的專修班擔任。從五二期到六七期入伍訓練，都是由四年級分科的步兵科，返回學校來擔任教育班長，其中四一和四七期沒有擔任過教育班長，四四和四五期擔任過兩次教育班長。

民國八十二年，陸官六二期起恢復初任少尉，民國八十四年第六四期依教育部規定，學制改回四年大學教育，畢業後才實施分科教育。民國八十七年第六七期開始招收女生。

先總統蔣中正主持 28 期畢業典禮

先總統蔣中正主持 30 期畢業典禮

陸官 39 期入伍生第四連

陸軍官校 67 期開始招收的女學生

陸官 44 期同學

制服、年級識別與實習幹部制度

軍校生有幾套帥氣的制服（禮服），通常畢業都會照相留念。不過最早可沒有，到了二七、二八期，幾乎都穿著陸軍黃色平布軍服，之後再來米黃色軍常服，手臂上有年級識別，按民國四十八年《陸軍服制條例》，陸軍服制有四種：禮服、晚禮服、軍常服、軍便服。

按該條例對陸官學生服制有說明：軍便服左臂綴寬一公分之藍色道，表示年級，一年級一條，二年級兩條以此類推（如文末照片），每條距離一公分，藍色道長八公分。軍常服袖口六公分處繡寬一公分的絲帶，冬季黑色，夏季與服裝同色，一年一條以此類推，每條距離一公分，長如袖口大小。

冬季軍常褲之褲側，各有一條寬約三公分黑色絲帶，這是軍校正期生所說的「榮譽帶」，其緣由不得而知，據聞後來（五十幾期時）取消了。

民國四十九年雙十節，陸官校長徐汝誠將軍，請聯勤單位在國慶日前，幫陸官生設計一套典禮服，參加該年國慶的閱兵分列。從此陸官生就有了所謂的典禮服，第二年（民五十）又有了改良的第二代典禮服。陸官現在的學生制服好像從第六九期開始，為仿西點軍校。

陸官校的實習幹部制度，是從二八期開始，也是移用西點軍校。民國五十九年四月林初耀將軍接任第九任校長，「實習幹部」改成「演習幹部」，一直到民國六十二年二月，秦祖熙將軍接第十任校長，又恢復實習幹部制度。

民國五十八年七月，陸軍《嘉禾計畫》開始實施，陸軍部隊改「團」為「旅」，官校也配合將「學生團」改「學生旅」，「實習團長」也改成「實習旅長」。第一個實習旅長應是三九期。

我印象中，陸官校學生和一般大學同樣，也有不少社團活動，最有名當屬黃埔合唱團和橄欖球隊。黃埔合唱團成立於民國四十五年十月，最初從二七、二八期學生，挑出六十位音樂性較佳同學組成，到民國五十二年，擴展成全校學生都是團員，成員達一千二百人，到筆者在校期間（預備班到正期生、民國五七到六四年），成員減少到數十人，是單純的學生社團。

陸官校當年轟動全台的社團是橄欖球院，據聞曾有一場陸官和成大的比賽中，造成嚴重意外（成大死了一位隊員）。當年之所以風行橄欖球，緣於陸軍推行「勇猛頑強」軍風，類似「橄欖球精神」，民國五十四年，時任國防部長高魁元指定，橄欖球為陸軍的軍種球。掀起軍隊中的橄欖球風潮，當時陸官校長張立夫也開始推動，開啟後來陸軍官校橄欖球隊輝煌的歷史。

鳳山復校後，各期畢業生人數前面已提到，再往後，四三期畢生六百一十五人，四四期（我期）畢業生五百七十七人，四五期畢業生五百四十九人，四六期畢業生四百五十九人，四七期畢業生四百六十二人，四八期畢業生五百四十人，四九期畢業生四百八十一人。（本文圖文參考網路《陸軍軍官學校四年制大學史》）。

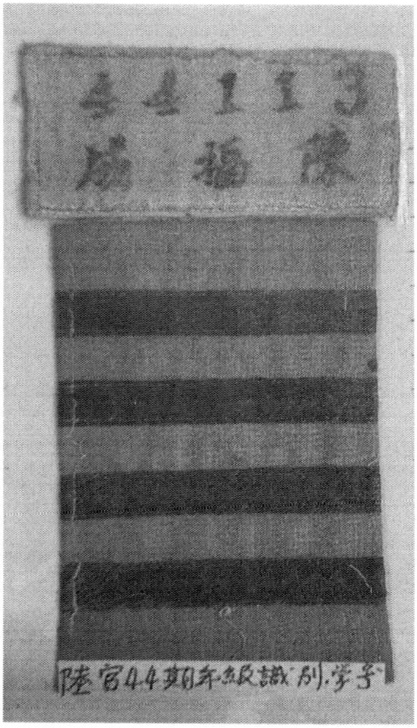

上圖：民國52年陸軍軍官學校學生制服展示

中圖：陸軍官校現在新的制服(夏季)

陸軍官校現在新的制服(冬季)

民國50年9月19日，30期實習團長，陪同先總統蔣中正校閱部隊。

31期實習團長，於陸軍官校38周年校慶時，當時的副總統陳誠先生與其握手致意。

32 期實習團長，於陸官 39 周年校慶，在先總統蔣中正旁邊，陪伴校閱。

33 期實習團長，於陸官 40 周年校慶，在先總統蔣中正旁邊，陪伴校閱。

再補記：

筆者身為鳳山復校後的四四期，我在陸官校的學生時代特別長，長達七年（預備班十三期三年、正期四年），「一入黃埔門、終身黃埔人」。這相信是所有出身黃埔的前後期同學，一生不變的志節，也是我們立身處事，活在這世上撕不掉的標誌，我們就是這樣，這就叫做志節，永恆不變的初心。

黃埔建校建軍的目標，就是追求中國之富強、繁榮和統一，不受制於西方帝國主義，在本質上就是在救中國，救我們的中華民族。這是黃埔人活在這世上，最重要的價值，希望現在仍在職和在校的學弟學妹們，都能保有黃埔人的信念。身為黃埔人，失去黃埔人的信念，沒有黃埔人的志節，你便什麼都不是，多麼悲哀！

因此，筆者看到少數黃埔人（也有我期同學），隨著台獨偽政權起舞，為一個官位出賣自己，製造國家、民族和社會的分裂，加速兩岸關係惡化，老夫感到很痛心。在二〇二三年春夏之際，又出現「誰是正統？」之說。實在而論，黃埔精神是一脈傳承的，不能從一九四九年割斷，說之後是正統，之前是「非正統」，這萬萬不能接受。那些企圖從一九四九年割斷者，必是陰謀份子，必是背叛國家民族的背叛者，罪該萬死！

老夫今年春秋七十二，台灣人說「棺材已進了大半」，何止大半，已進了七八成。照理說現在很多和我同老的銀髮族，早已不管什麼國家民族了，每天只管吃喝玩樂。但只因我是黃埔人，永恆不變的保有初心，堅持擁有一片純潔的黃埔信念，「人生自古誰無死、留取真心照汗青」，與所有黃埔人共勉之。

第七章 爲什麼以前沒聽過黃埔二三期

陸軍官校校史館標註著，學校在大陸時期叫做「黃埔軍校」，是從1-22期(屆)，而台灣是從24期(屆)開始延續下來，中間就只少23期這麼一期，這一期的歷史在當時是禁忌，不能去談也不敢討論，更無從得知為何對於23期學長的種種，在校史上是張空白呢？

黃埔軍校在近代中國歷史上扮演了非常重要的角色，而黃埔軍校與美國西點軍校、英國桑赫斯特皇家軍事學院以及俄羅斯的伏龍芝軍事學院並稱世界「四大軍校」，在兩岸分隔近代史的重要軍事將領，從北伐、抗日，一直到國共內戰，甚至後來的韓戰（抗美援朝），指揮中國軍隊作戰的將領，幾乎都出身於黃埔軍校，尤其是軍校前幾期畢業的校友，要不是成為解放軍的元帥大將、上將，就是國軍的一級上將、二級上將。

陸軍官校創立時的校址位於黃埔長洲島，創立時命名為「陸軍軍官學校」。陸軍官校當時是國民黨的黨校，國民黨為消滅共產黨在陸軍官校內的勢力，於 1925 年 2 月將校名改為「中國國民黨黨立陸軍軍官學校」。1927 年，陸軍官校遷往中華民國首都南京，1928 年 3 月蔣介石以中央軍事委員會名義將陸官改稱「中央陸軍軍官學校」，改為隸屬國民政府。

1937 年，抗戰爆發，陸軍官校為了避過戰爭而西遷成都。1946 年，陸軍官校恢復「陸軍軍官學校」原稱。1949 年，中華民國政府遷往台灣，陸軍官校亦跟隨中央政府遷臺。1950 年，陸軍官校於高雄鳳山復校繼續興學。

從黃埔軍校畢業的校友，每一期都有幾位校友至少幹到中將以上的職位，大概唯一也只有 23 期是例外的，以前在官校念書時，還曾經聽說「老總統(蔣介石)，只要聽到黃埔 23 期畢業的，就會掉眼淚，所以，也就沒人敢把 23 期，提拔為將軍候選人」。

到底為什麼黃埔 23 期這麼神秘，又當年到底他們發生了什麼事情，而必須讓當年國府與軍校要這麼特意的隱藏這段過去呢？還好隨著兩岸局勢緩和與開放，慢慢的終於可以讓當年這段史實回歸到歷史了。

民國 37 年(1948)年，3000 多位來自中國各地的年輕人，投入設於四川成都北教場的中央陸軍官校，一般人雖然將這所軍校暱稱為黃埔軍校，但是軍校從成立以來只有短短 4 年期間校址在廣州黃埔，因為近代中國飽經戰亂，所以學校也轉遷移到南京、成都，而學校在成都的時間，也是黃埔軍校在大陸時期最長的，而這群學生到校才報到沒多久，整個國共內戰的局勢已經完全逆轉。

當時的國軍與共軍展開的三大戰役『遼瀋戰役（遼西會戰）、淮海戰役（徐蚌會戰）與平津戰役（平津會戰），在 1948 年 9 月至 1949 年 1 月間發生。』，國軍完全失利並幾乎遭受全殲，損失上百萬菁英的部隊，這時候的共軍開始勢如破竹渡過長江，朝向華南與西南地區進迫，而這群剛好在亂世中投考軍校的學生，就是軍校 23 期的學生，也是黃埔軍校在大陸的最後一期，也許是因為時代的悲劇，這一期學生就註定了與其他期別的黃埔校友有迴異的命運。

當淮海戰役（徐蚌會戰）結束後，解放軍以迅雷不及掩耳的速度，朝向大陸的東南與西南地區快速的挺進，而國軍自民國 38 年(1949 年)5 月份的上海保衛戰失利之後，幾乎整個已經失去戰鬥意志，短短不到一年的時間，就把剩餘的大陸半壁江山完全拱手讓給了解放軍。

在 1949 年 12 月份根本還沒到畢業時間，甚至連畢業儀式都差點來不及舉行，23 期就被迫提早畢業分發部隊，只是雖說是畢業分發，但當時整個四川盆地已經遭解放軍包圍了，而且軍隊又戰敗潰散，學生根本無從分發到部隊，只能在學校待命分發，而當時 23 期的畢業典禮是由「老總統(蔣介石)」親自飛到成都來主持，並住在軍校北校場黃埔樓上，當時還是由 23 期學生組織了護衛隊，保衛「老總統(蔣介石)」個人的安全，雖說如此，整個 23 期學生的悲慘命運也在冥冥中被註定了。

當「老總統飛離成都到台灣沒多久之後，四川的國軍已經紛紛向解放軍繳械投誠起義，此時的四川到處是烽火硝煙，人流連綿，好似大雨前的蟻穴蜂房，亂哄哄一片，本來國府是有計畫將黃埔軍校向西遷移，但是因為整個局勢急轉直下，所以，23 期的學生們根本無法撤出，大部分在軍校潛伏的共黨份子鼓吹下，也向解放軍宣佈起義投誠，僅有少數向西撤退到西康，後來在幾經奮戰下幾乎全軍覆沒，因此，當時整個留在成都軍校的23期學生，也就全部被留滯於大陸，沒來得及撤出。

據中國方面近年的出版的《最後一期黃埔軍校學生起義的經過》詳述成都軍校23期的最後日子：

「黃埔軍校從成立到結束只有23期。國共雙方的大批優秀將領都是黃埔軍校的學生。黃埔軍校23期雖然名義上還稱『黃埔軍校』，但因為形勢的變化，只能在成都招生了。1948年6、7月間，在成都考試，12月1日正式開學。這時解放戰爭的整個形勢已經看得很清楚了，國民黨政府在軍事上和政治上都已經山窮水盡，即將土崩瓦解。」

「1949年9月8日，黃埔軍校3名軍官與共產黨西南工作組秘密取得聯繫。包括黃埔三期，時任教育處陸軍少將處長李永中，特種兵少將總隊長蕭平波，及另一位陸軍少將蕭步鵬。1949年11月初，蔣介石第二次來軍校，蔣召集軍校全體官生講話，說要遷校，卻沒說清遷到哪。但人們都明白，只有一個台灣，別無他處。那時西南只剩一個四川省。貴州解放，雲南盧漢起義。這時李永中、蕭平波準備扣押蔣介石後起義，但蕭步鵬把扣蔣計劃預先告訴了蔣。蔣介石坐機倉皇逃走。」

「接著李永中以代理教育長兼遷校行軍總指揮的名義安排遷校事宜。11月中旬，全校開始行軍南下。李、蕭2將軍為實現「九·八協議」，使解放軍能順利接收軍校，學生和教官採取讓、拖、等的辦法。讓學生們行軍至雙流向南過新津、彭山縣、眉山到夾江又折回眉山、彭山回到新津又折向西到大邑，再向北過崇慶、溫江最後到郫縣。一個多月的時間，來回游動在川西平原，目的就是拖延時間，等待解放軍接收。」

「12月20日軍校繼續北上至溫江西，這時北面軍校生已和解放軍接上頭；西面是羅廣文的一個軍，已經宣佈起義；東面是胡宗南3個兵團的國軍。時機終於等來，由李、蕭2將軍召集各隊隊長和學生代表會議。李講了形勢和前階段同中共的協議等；蕭將軍講了政策，願起義的留下，願跟國民黨的向東，願回家的自便。學生都願意起義。」

「25日隊伍至郫縣，由李永中宣佈軍校起義。他講話的大意是：『校長、教育長都坐飛機走了！你們都是青年學生，我不能拿你們年青的生命去作無謂的犧牲。目前的形勢大家非常清楚，只有一條生路那就是起義。如果說這是罪過，罪過由我一人承擔。你們是青年，青年是有前途的，希望你們保重。今後一切行動都聽共產黨和解放軍的。』接著由解放軍代表宣佈軍校保持原編制不變，名稱暫叫『中國人民解放軍第二野戰軍軍校』。黃埔軍校 23 期學生總數為 3000 人，全部設施裝備，交還於人民。」

不過，23 期還是有極少部份來到台灣，1949 年 9 月中，有 77 名 23 期台籍學生與特殊狀況的學生，由政府用飛機載送來台灣，另外在 1950 年韓戰爆發(抗美援朝)，有部份的 23 期學生參加了戰爭，有些戰死於朝鮮戰場，但是也有 10 餘位向聯軍投誠，成了後來 123 自由日返台「反共義士」的少部份，而這些在台灣絕無僅有的 23 期學生，也一直被塵封在歷史的煙硝之中而逐漸的凋零，這段歷史直到近年來才慢慢的被解開。

歷史終究還是回歸於歷史，不管怎樣當年 23 期學生並非自願的被留滯於大陸，尤其當時他們還都只是學生的身分，既無兵權也不能左右時局的發展，只能默默的承受與渡過這一段混亂的時局，心中的無奈與感傷，相信是其他黃埔軍校校友所無法體會的。

還好隨著兩岸之間情勢的緩和，再加上老總統過世之後，慢慢的軍校也就願意來面對這段歷史，後來也就沒有再把 23 期視成為軍校的禁忌，畢竟在黃埔軍校 80 多年的歷史中有成功也有失敗，有輝煌也有黯淡，我想這不只是單單幾個期的校友所能造成，或者是要去承擔的，而是整個軍校校友們所一起締造的歷史史蹟。

附記說明：

本文是多年前從網路上列印下來，如今讀來仍是感慨，但至少對黃埔歷史的「空白處」也有補強作用。不知二三期黃埔老大哥們，是否有尚在人間者？有的話恐已百歲。如果健在並可記憶，歡迎他把有關二三期事蹟寫下來，寄：台北市羅斯福路一段七二巷四號　文史哲出版社　陳福成先生收。本書再版時增補之，即補足黃埔校史，歷史絕不成灰，是我的信念，堅定三世亦不變！

第八章　談林毅夫的異樣人生

林毅夫是我的同鄉，也是我的宜中學弟，他的老家就在我家的斜對面，本來中間隔著一條灌溉用大圳，後來大圳加蓋，拓寬成一條寬廣馬路，與他的家可說雞犬之聲都可相聞，他的二哥叫林次郎與我是小學同班同學，小學畢業後還曾短暫到我家當夥計幫忙生意。

他的父親並無固定職業，母親幫人洗衣貼補家用，有兩位哥哥一位妹妹，家境可說相當窘困，因此兄妹皆小學畢業後未再升學，即開始工作幫忙家計，幾乎傾全家之力，挹注他繼續升學讀書，他也不辜負家人的期望，考上當時的省立宜中，高中畢業後，又考上當時人人羨慕，很難上榜的台大。真是「寒門出孝子，貧戶出狀元」的樣板，也是感人的勵志故事。

七十年代台灣經濟正在起飛，當時的台大學生畢業後出國留學，學成後留在國外當領美金的高級華人，或是回國當青年才俊，社會菁英，是人生最佳的規劃與藍圖。尤其是蔣經國擔任行政院院長，開始接掌政權，「吹台青」的政策開始起風，海歸學人更成天之嬌子，從政獻身政府者，前途無不飛黃騰達，以他的才智如走正常途徑學成歸國，從事公職，出人頭地必然可期。

但是 1971 年冬，大一上學期結束，新生赴成功嶺寒訓時，他決定要投筆從戎，不回台大唸書，請求轉學到陸軍軍官學校就讀，當時兩岸還是處於緊張的軍事對峙狀態，很多學子視當兵為畏途。此舉轟動社會，有人揶揄他大概是讀書讀到走火入魔，或是燒壞腦筋。1979 年 5 月 16 日，他更做出了驚人之舉，時任金門馬山連連長的林毅夫於晚間，趁著大退潮游泳到金廈之間大陸的角嶼叛逃投共。國軍當局雖然基於顏面，低調處理，但消息還是傳開。

2002年5月9日，林毅夫的父親林火樹在臺灣宜蘭過世，林毅夫透過關係請求回台奔喪，消息曝光，當年「叛逃」事件再度引起熱議與爭論，最後因國防部堅持指出，林毅夫仍被國軍視為叛變逃亡軍官，一旦返台將面臨《陸海空軍刑法》調查與審判，因此他的回台之事破局未能成行。

有人說：「天才與瘋子只有一線之隔。」英國詩人約翰·德萊登也說過：「天才僅次於瘋子。從天才到瘋狂只有一步之遙。」我們從林毅夫的求學過程，宜中畢業，考取台大，政大碩士，北大碩士，芝加哥大學博士，耶魯大學博士後研究，以及擔任北大教授，2008年出任世界銀行副行長的履歷看，他無疑是個天才。但從他投筆從戎，轉讀軍校，以及冒死叛逃投誠中共看，簡直就是一個叛經離道的瘋子。

美國詩人羅伯特・佛洛斯特（**Robert Frost**）在**The Road Not Taken**這首詩所說的**I took the one less traveled by**（我選擇了人跡罕走的一條路〉，**And that has made all the difference**（從此決定了我與眾不同的人生〉。他豈只選擇一條人跡罕走之路，且是一條兇險難測之路，可能葬身大海，屍骨無存，或是上岸即被誤殺，既使僥倖叛逃成功，也是走上「陣前叛逃，惟一死刑」的不歸路。但確實走出與眾不同的人生。

到底什麼力量使他不惜代價，在人生的黃金時代做出拋妻離子的瘋狂行徑，林正義抵達大陸半年多之後，在寫給日本的表哥家書中談及自己由金門游到對岸的動機。他說：臺灣的未來正處在一個十字路口，回歸祖國是歷史的必然也是最佳的選擇方案。作為一個臺灣人，我深愛這塊生我養我的土地，我願意為他繁榮富強奉獻一生的精力，但是作為一個中國人，我也覺得臺灣除了是臺灣人的臺灣之外，臺灣還應該對中國的歷史發揮更大的貢獻：。換句話說他是在實踐「心在台灣，志在中原」的夢想。但我也從另一角度猜想，也許是國民政府早期的教育強調中國歷史的輝煌讓他著迷，錦繡河山的磅礴使他嚮往，讓他成為狂熱的大中國主義者，再造中華光輝的信徒，使他產生林覺民式「與妻訣別」的情懷，荊軻刺秦式「壯士一去不復還」的膽識。這種行徑可說前無古人，以後更不可能有來者了。

林毅夫叛逃大陸時只帶兩種東西，一個是能證明他是中華民國軍官的證件，另外則是水壺、救生衣等救生用品，沒帶任何機密文件當投名狀，證之以後的調查乃是事實，可見他的動機是光明磊落的，沒有違背良心，只是追求另一種機會與夢想，他的行為當時確實觸犯台灣法律，但時過境遷的現在看來，應屬信仰不同的良心犯而已，就如以前的海外異議分子，在國內皆被稱為叛徒，現在皆被稱為良心犯一樣，1979 年 12 月 10 日國際人權日時發生於高雄市的一場重大衝突事件，當時被稱作「高雄暴力事件叛亂案」，涉案者皆被依叛亂罪受到嚴辦，後來涉案者皆獲得平反，甚至高居政府要津或政黨領導人。所以「林毅夫叛逃案」現在應改稱為「林毅夫出走案」才恰當。

其實他當年出走時未帶一兵一卒，也未帶任何機密文件投靠，對台灣的危害只是心理層面而無實質的損害，如比諸彭明敏在 1964 年起草發布「台灣自救運動宣言」推動台獨，許信良在 1979 年 12 月 15 日在海外組成「台灣建國聯合陣線」，誓言要讓國民黨政府從地球上消失。他們對國府的危害性，林毅夫與其相比，可說如小巫見大巫。但彭明敏還能於 1996 代表民主進步黨參選中華民國總統選舉。許信良也於 1991 年擔任民進黨主席。但危害有限的林毅夫卻至今還被追緝，不能免責，實在牽強說不過去。

「林毅夫出走案」發生至今已逾四十年，因配合軍事審判法修正，軍事案件全數移由司法處理。林毅夫案全案卷證，於 2014 年 1 月 13 日移由司法檢察署接辦，法務部研議後認定林屬「繼續犯」，移交後仍持續通緝。軍方也一直放話只要他一回台，就要追究刑責。到底林案未解是卡在法律問題？政治問題？還是情感問題？其實都不是，而是台灣「凡親中者皆是敵人」的意識形態在作梗。

林毅夫案的處理惟一令人感到欣慰之處是，兩岸都很低調，台灣方面在當時情治勢力高張的戒嚴年代，並沒有禍延妻孥家屬，1983 年林妻陳雲英最後還可離台到美與他團聚，大陸方面也未利用林毅夫的投誠當樣板，大事渲染宣傳，還對他一路加以栽培、提拔、重用。算是事件中還能讓人看到人情味的地方。

林毅夫事件中最令人感動的莫過於其妻的忠貞與忍辱負重，以及夫妻兩人間的互信與體諒。

林毅夫就讀政治大學經濟學院攻讀企業管理碩士時，陳雲英則教書、懷孕、生兒育女、操持家務。這時具有遠大志向的林毅夫作出了一個對他們一生有重大影響的決定，他覺得臺灣彈丸之地受制太多，不是施展抱負的地方，他想到大陸，為更多的中國人服務。陳雲英很理解丈夫的鴻鵠之志，她對丈夫說：「你只要決定，就放心地去吧，我會做一個好妻子，好媽媽。」

林毅夫叛逃大陸時，以當時兩岸的對峙與社會氛圍，做為人妻所承受的壓力可想而知。且當時軍方隱蔽案情，以失蹤處理，林妻一時也不知林毅夫的死活，作為妻子心中的恐慌，精神上和生活上的艱辛難過實非筆墨所能形容。她在長期得不到丈夫的絲毫音訊下，作為母親，她還要安撫兒女，又要工作支撐一個家庭，心靈上的折磨，錐心之痛，令她的父母和朋友覺得她太委曲受苦，又聽到林毅夫已不在人世的謠傳，都勸她及早改嫁，但陳雲英堅信：丈夫一定活著，他一定會成功，我們一定會見面。

艱澀的命運終於有了轉折。1980年初，諾貝爾經濟學獎得主、美國著名的經濟學家舒爾茨教授到北京大學作學術演講。校方讓林毅夫為他當翻譯。短暫的相處，舒爾茨對這位年輕人的學識、人品讚賞備至，回國後即讓美國芝加哥大學來函，希望林毅夫能成為他的最後一位博士研究生。大陸也樂觀其成，林毅夫很快就辦好手續，兼程奔赴芝加哥大學求學。踏上美利堅國土後，他立即通知在臺灣的妻子來美國相見，這對分離四年的苦情鴛鴦終於再度相聚，其愛情故事之感人簡直可以媲美羅密歐與茱麗葉。

「林毅夫出走」事件發生在金門，金門人應該如何看待這件事情呢？我認為金門人應該走出自己的格局，金門曾經是捍衛台灣的血肉長城，對台灣已經仁盡義至過了，金門現在是兩岸的鵲橋，金門的未來與繁榮牽繫於大陸更甚於台灣，林毅夫的故事是金門的資產，是值得利用發揮的題材，依據國防部的說法，1979 年 5 月 16 日夜林義夫利用大陸角嶼距離馬山連只 2130 公尺，是日恰好是當年最大的一次退潮，兩端的海底幾近浮現，可以踩著海底走上一段，真正需要游泳的距離並不長，不到二小時就能到角嶼，林毅夫即利用此水文因素叛逃成功。所以金門如以故事牽動兩岸，至今未得其解的風雲人物林毅夫為題材，每年舉辦「見證歷史，體驗林毅夫走過的路」作為號召，與廈門合辦這項活動，一定會轟動兩岸，甚至世界上喜歡冒險海泳的人士參加，成為金門最吸引人的觀光遊覽活動。

金門曾經在兩岸你死我活的鬥爭時代扮演橋頭堡的角色，現在卻能成為兩岸的鵲橋，現在兩岸關係再度陷入低迷，金門如能在兩岸關係的藩籬上找出破口，與廈門合作舉辦這項活動，再度當兩岸關係的領頭羊，將來兩岸關係的歷史上會被記上居功厥偉的一筆。

林毅夫在美國芝加哥大學，師從舒爾茨，學習農業經濟，獲得博士學位，之後他又到耶魯大學，完成了博士後研究。當時，美國多家大學邀請林毅夫擔任教授。但是他說自己就像是為了研究從社會主義經濟向資本主義經濟轉化的中國經濟而生，因此拒絕了美國大學的邀請，返回北京，可見其耿直獻身為國服務心志之堅定。

1987年，林毅夫成為中國改革開放後第一個從海外歸國的經濟學博士。他曾任北大教授，北大中國經濟研究中心主任，該中心是中國經濟學研究的先驅，也是中國政府經濟決策的智庫。他也成為中國國務院重要的智囊人物。現任北京大學國家發展研究院名譽院長，中國國務院參事。

2008年，林毅夫出任世界銀行首席經濟師兼主管發展經濟學的資深副行長。一些著名學者預言林毅夫將是中國最有可能問鼎諾貝爾經濟學獎的經濟學家。要不是近幾年西方反中的氣氛彌漫，他應該早已是諾貝爾經濟學獎的得主，林毅夫的成就是華人之光，也可能是繼李遠哲之後，獲得諾貝爾獎的台灣之光。

宜蘭子弟多才俊，諾獎掛冠未可知。
身在中原凌志，心存故土情懷。
彼岸當作人才，此岸視如塵埃。
難當島嶼豪傑，棲身大陸瑜亮。
是非當代難解，留待歷史翻白。

附記說明：

本文是引用網路文章，特加說明。筆者認同文中所述，把「林毅夫事件」，「商品化」，成為金門觀光亮點，其益處是降低敏感度，為金門帶來「商機」。

在台灣乃至我四四期同學，對林毅夫（畢業同學錄林正義、學號四六四七）同學，仍存在許多沒有交集的爭議，對他的行為不可能有客觀論述。按歷史上中國人處理類似問題，對一個朝代發生的事件或人物之蓋棺論定，通常由下一個朝代行之。例如，宋朝亡後，元朝人寫《宋史》；元朝亡後，明朝人寫《元史》；明朝亡後，清朝人寫《明史》，這是我們中國歷史的通例。

清朝滅亡後，本應由中華民國人寫《清史》，但因民國動亂，又國共分治，至今只有《清史稿》，沒有正式定案的《清史》，要完成恐要等統一之後。

同理，「林毅夫事件」或稱「林正義事件」，要得到客觀、公平且各方有共識的論述（蓋棺論定），也是要等到現在的「朝代、政權」結束了，由下一個朝代的史家去評述。那時，「我們這時代的人」已全部死光光，歷史如光陰的腳步，不談感情，又沒有情緒。

第九章　沒有畢業典禮的軍校生

黃埔軍校（中央陸軍軍官學校）第十一期校址設立在南京市，在民國23年9月入學，但是七七盧溝橋事變爆發，日軍的轟炸機開始濫炸南京城，軍校學生的起居訓練受到影響，被迫遷到郊區的靈谷寺上課。

民國26年8月27日的夜晚，黃埔軍校第十一期的學生接獲統帥部緊急命令，要求他們提前畢業，立即奔赴上海抗日前線作戰，這1,269名頭戴德式頭盔、德式裝備的最年輕黃埔生，由於太臨時倉促畢業，所以沒有畢業的慶功晚宴，也沒有父母及家人出席畢業典禮，大家悲壯的全副武裝準備次日凌晨從南京下關車站啟程到上海前線抗戰。

黃埔軍校校長蔣中正特別從江西趕回火車站與這群畢業生送別，蔣校長說：「我們中華民族的生死存亡，就靠你們這一屆了，要為中華民國抗日，要為國家犧牲，抗日是一件好事情，是我們的責任，不要退縮，以後的中國人會以你們這一屆黃埔畢業生為榮。」

第十一期的黃埔畢業生聽到蔣中正校長的講話，個個慷慨激昂，同學們相互擁抱道別，彼此有了男子漢的約定，他們相約在抗戰勝利凱旋回到南京之日，再好好相聚，重新舉辦風光的畢業典禮，為抗戰勝利痛飲一杯酒。

在陸軍軍旗引導下，大家各自歸建搭上各節車廂，畢業生到了上海後各自分開，升任基層部隊大家所謂最「菜」的少尉，做底層的軍官，也就是領導士兵拚殺最前線，所以他們的犧牲最慘重的期別，戰爭的慘烈早已超出我們的想像。

淞滬會戰爆發，國軍投入了七十多個師，約七十萬兵力，無奈敵我力量的懸殊，國軍為此付出巨大代價，在會戰中國軍傷亡人數達三十萬人之眾，淞滬會戰被稱為「血肉磨坊」，因為每天國軍有一個師又一個師投入戰場，有的不到3個小時就死了一半，有的支援5個小時全師陣亡。

淞滬會戰的國軍部隊，師長全是黃埔第一期，旅長、團長為黃埔第三期、第四期，營長、連長是黃埔第五、六期居多，黃埔第十一期都是底層帶兵的基層軍官，所以許多黃埔十一期剛下部隊報到後，立即接替火線上傷亡的排長職務，有的在連長、排長傷亡殆盡，甚至馬上接替連長職務指揮，指揮到士兵所剩無幾，直到以身殉國為止，諷刺的是，很多黃埔第十一期剛下部隊後，軍銜胸章都來不及發，就壯烈犧牲了，連姓名都還沒造冊。

黃埔第十一期是所有期別中犧牲最慘烈的期別，個個視死如歸，要活下來的真的很少很少，有位倖存的黃埔第十一期呂傳鏞爺爺說：「我畢業那班能活下來幾乎沒有，我是因為被派調回去搬兵增援，不然我也可能死掉了，想起來很可憐，就是靠這些人堅強抗日，才有中國抗戰的勝利。」

黃埔第十一期這群最稚嫩的官校畢業生，在上海淞滬戰場各奔東西，他們說好的凱旋之日，重新再辦畢業典禮，這個約定只能爽約了，因為他們再也不能相見，淞滬會戰這三個多月第十一期馬革裹屍，他們的青春身影將陸續消失，離開這個他們才 20 初歲的人世間。

能見同學一面是多麼的珍貴，畢業後就幾乎找不到同學的一期。讓我們向黃埔軍校第十一期致敬！

附記說明：

本文選自《黃埔校友會訊》第一〇六期（二〇二二年十月一日），第二版〈沒有畢業典禮的軍校生〉一文。有關第十一期情形，可參看本書第二章略述。

第十章　一些回憶與惡魔島亂黨記事詩

陸官預備班十三期雜詠

當年毛都沒長齊，辭別爹娘遠分離；
大哥送我革命去，是預備班十三期。
合理無理都磨練，吃苦耐勞沒得閒；
午夜有人哭媽咪，身心熬煉大志堅。

生活作息嚴管理，整月無休不稀奇；
麥克阿瑟當標竿，洗地磨地磨心氣。
新來營長孫大公，軍服鼻挺立如松；
留美碩士英文好，他的子弟氣如鴻。

林義俊和解定國，陳鏡培加一個我；
寒假四人征梨山，零下八度凍哆嗦。
劉建民和虞義輝，加我三鐵共徘徊；
後來又有張國英，屏東騎車不想歸。

彈吉他把馬子帰，存錢買琴誰知曉？
土法煉鋼學吉他，帶情人唱歌她嬌。

陸官四十四期學生生活雜感吟詠

一年級入伍生

入伍生住野獸營，黃埔西點同樣情；
是不是加沒理由，如今想起行不行。
誓願蔣公子弟兵，革命陣營成精英；
反攻大陸救同胞，三民主義中國新。

生活體驗

神仙老虎狗，天天地上爬。
吃飯打衝鋒，日夜做苦工。
每日踢正步，經常大掃除。
廁所比臉淨，皮鞋亮晶晶。

年少志氣堅，服從性又高。

學生王子

學生王子真神氣，近看遠看都雄奇；
所有學弟若遇到，注目敬禮算得意。

談戀愛修學分

戀愛學分很重要，我有心得懂技巧；
嶺上見她就觸電，從此心中她最嬌。

雙宿雙飛情，月下擁品茗，小酒一杯飲，香姿斜靠影。綵羅盡退去，一夜百年緣，纏綿在心底。三更醉無力，軟玉溫香夢，共枕忘日月。

記第一次外島詩稿（民64～65：金門）

憶舊雜感

老共要來先過關，駐守金門人未還；
鐵拳在台灣安全，不讓朱毛上海灘。
浯島風塵日月昏，單雙砲彈戰地痕；
北韓鑽地攻漢城，衛兵伏地聽鬼魂。

註：當時北韓鑽地道，準備進攻南韓，傳言中共也用此道，金門衛兵都伏地聽音，證實當面共軍並未挖地道要進攻金門。

基層連隊

浯島斗門砲兵連，青年軍人沒得閒；
戰地平時燒烽煙，總是高唱有內間。

後方情花兵變

後方情花兵變了，戀情很不少，戰地整夜很傷風，纏綿不堪回首情愛中。甜蜜回憶仍都在，只是心情改，問她心中多少愁，恰似台灣海峽洶湧流。

浪淘沙・空夢花

情花走了眼紅，五年中，無奈聚少離多真傷風。她的淚，讓人醉，幾時了，真是海峽離恨情愛空。

詠那一段情吟草詩稿

五年情份想妳好，深情嫣笑，姣媚輕歌嫋。山上海邊甜蜜夢，兩牽手雙宿雙飛去。款款情愛兼歡喜，桃花開時，一霎淚如雨。抱儂懷裡妳亂語，如今好夢幻化兮。

回憶最初

週六下午郊外混，躺在草上愛純純；
一個翻身嘴對嘴，無語看雲不想回。
天長地久總有盡，我倆真情山海心；
管他學業或前程，只要當下這份情。

秋望

海天茫茫人消瘦，她在後方兵變愁。
斯人獨坐指揮所。外有柳，心頭已是秋。

記第二次外島詩稿（民67～69：馬祖高登）

師長陳廷寵將軍命令

師長陳將軍有令，陳福成守高登行；
率群戰士蘿蔔頭，死守高登革命軍。
高登外懸北竿島，窺敵動靜我最早；
沒水沒電又苦寒，高登弟兄功勞高。

雜感吟

每天起床見神州，眼前山河叫人愁；
春秋大業夢一統，幹嘛自苦分兩國。

數千漁船圍困高登全島演習賦詠

君不知，槍兵土犬巡海邊，月黑風高非人間。高登冬冬天鬼風

吼，擬是水鬼要摸哨，海風飛沙石亂走。解放軍可能示威，
七五山砲煙塵飛，步砲協同要出師，連長金甲夜不脫，枕戈
待旦胸有火，上岸是風有些扯。鋼盔背包汗氣蒸，全副武裝
報軍情，萬船齊發夜出奇。漁船圍困日夜懾，料知戰火不再
接，官兵放心也算捷。

浪淘沙．又一春

四季吹海風，閒情意闌，勤寫情書不怕寒，天長地久高登
客，心中有愛。高登登高看，海天茫茫，雙鯉傳情很困難。
濃情蜜意寄去也，有如參商。

班師凱旋

苦守孤島兩年整，鴻鵠有志業未成；
班師回台養生息，成家立業我還能。

李花閨情

玉減李花瘦，長髮飄飄羞，露水雲雨何時休。
休，休進閨閣樓，小紅袖，夜來些微愁。
情牽這西施，紅豆情書詞，巫山雲雨雨絲絲。
思，話別雙淚時，寫情書，亂成斷腸詞。

記第三次外島詩稿（民71～73：馬祖北竿）

北竿師部（193師）監察官

北竿師部監察官，正牌黃埔怎當宦；
未見前景不想幹，浮浮沈沈心頭煩。
北竿冬天冷又寒，濃霧遮日意闌珊；
政三政四一家人，高粱花生夜聊禪。

北竿村莊街景

春日午後閒，悠然逛村莊，熱鬧彈子房，調情冰果室。
美女裙子短，小兵就愛玩，隨便不整裝，憲兵很難纏。

閒情・走馬・看花

小徑雜草瘦，村姑淡粧羞，天長地久何日有。

有，有情郎好摟，紅鸞動，臉蛋淡淡愁。
小店生意淡，姑娘細聲詞，招攬客人心頭絲。
思，思情人抱抱，為生意，犧牲苦相思。
野花長山間，清風吹淡然，富貴貧窮何理由。
由，由來有因緣，也因果，隨緣較自由。

記第四次外島詩稿（民73～75：金防部）

金防部幹監察官

金防部監察官好，錢多事少沒人吵；
人人見到心怕怕，下去督導是大老。

太武山吟

平沙聳起太武山，內部空空森森然；
反攻大軍地下城，統一不成終不還。
太武山公墓隴樹，槃礴踞坐附梅竹；
當年大戰今如夢，戰將吉星文埋骨。

太武山月照・中秋吟

月照太武山，天地寂靜然，夜風千里吹，不過西海灣。月色照棧道，窺視夜衛兵，由來征戰地，不見有人還。兩岸一家人，頂多口水戰，月下值勤兵，不久解甲歸。

月照海印寺，和尚頌經聲，佛音千里吹，吹過兩岸心。月色即佛道，照見我子民，由來是一中，不見永分離。兩岸中秋月，遲早都團圓，秦時明月照，太武山同情。

虞美人・走在十字路口上雜詠

度月如年何時了，年歲有多少，不上不下快發瘋，農場事業構想在心中。壯志雄心今猶在，只要路子改。長青心中多少愁，恰似天上白雲飄飄流。

死馬能醫何時好，讀書不算老，太武山午夜涼風，土法煉鋼閉關苦讀中。壯志雄心還是在，路子趕快改。考研究所多少愁，恰似水霸築好斷水流。

上復興崗政治研究所

虞君同我過這關，復興崗上高歌歡；
閉關苦讀有代價，戰地征人果然還。
挑燈夜戰已渡金，九顆星星搶虞君；
我因關係未經營，一人悄然邊陲行。

憶蔣經國總統創復興崗

轉進台灣深反省，輸在政戰最要緊；
經國乃創復興崗，民族再興政治清。

記第五次外島詩稿（民78～80：小金門）

大樹當營長

高雄大樹當營長，帶兵打仗尚書郎；
多靠夥伴撐過來，輪調外島官兵觴。

調小金門營長

小金門營長真棒，天高皇帝遠好當；
同學朋友經常醉，泡妞泡茶心平常。
平靜小島霹靂情，天安門裡人驚心；
兩四洞砲全戰備，不久天晴抵萬金。

蝶戀花．小金門閒情

世外桃園小徑路，陣地走走，偶與村人遇。心中有話向誰

說，清醒惆悵盤算過。老中校到處問路，縱有才情，終了無
關係，向海天釋放情緒，找虞君進安全局。

從野戰部隊到台大的轉折詩鈔

連長幹完不想混，轉政三四季如春；
監察幹好常得罪，政軍兩面不是人。
野戰部隊混過頭，金馬離島望神州；
始亂愼落心頭愁，轉來轉去難上樓。
三軍大學轉花東，砲指部裡半條龍；
中校頂天無處去，三處拼命一條蟲。

一到台大定江山，二書出版才悟禪；
花東舊事一掃空，開始布局在胸中。
台大學風自由城，夜間飄香白日夢；

此生奇緣椰林月，情願從頭當儒生。
台大退休當志工，朝看青山晚臨風；
還有閒遐勤著述，竟外竟成中國通。
回首前塵花飛蓬，三十年來雖用功；
蓬生痲中不扶直，大業未成念蔣公。

莠草雜吟詩稿

春望・二〇〇四春詠

國亡孤島在，篡國竊位真，孤臣孽子淚，綠林太痛心。烽火連三月，扁府撥萬金，貪腐政權短，賊子未吃撐。

塞下曲・二〇〇六冬詠

台灣不下雪，不冷人心寒，到處是人球，綠林不能看。日夜戰鼓舞，同胞大對決，願將手中劍，統獨斷糾纏。

詠偽新聞局謝志偉

痞子又成兒過動，無智缺德更不懂；
國家門面臉丟光，追隨台獨民心痛。

詠偽政權教育部長杜正勝

罄竹難書杜正勝，分離挺毒他最能；
投機份子沒心肝，漢奸下場醒一醒。

詠李昌鈺的大生意

據稱神探李昌鈺，全球招攬大生意；
三一九真相那裡，看利潤厚多神奇。

詠鬼族執政・人妖幫凶歌詠

鬼族執政

台獨執政都是鬼，魑魅魍魎鬼祟祟；
人間因此死人多，要救瀛台找鍾馗。

吃相難看臉，魈頭魋腦相；滿肚惡濁水，全台到處淹。

公元兩千年，國鼎被竊空；偷樑換柱魔，最怕聽一中。

一座人妖山

台獨思想山，蒙蔽死生海，毒害台灣島，糾纏四百年。啃蝕人民命，螻蟻攻黎民，人妖山遮日，何時有清明。

人妖邪魔禸台灣，篡竊亂臣詐騙團；
政客賣國如賣屄，痞子耍屌像生番。

吟亂世痞子謝志偉德相

痞子耍屌像人妖，街頭賣淫真妖嬌；
有點知識沒常識，台獨貪腐快了了。

註：果然，不久後的二〇〇八年元月十二日，立委大選，台獨政權慘敗，再過兩個月不到，這個不法政權，靠「319」作弊的政權將被丟棄在歷史的灰燼中。

昭君怨・三一九槍擊作弊案

子彈從何而來？李昌鈺拼生意，果真查證據，俟有疑。
全案由誰設計？主謀扁或阿義，讓人民看戲，沒證據。

本是自編導戲，無中生有也易，裡外骯髒劇，翻身難。
是誰出的主意？你祖宗不饒你，春秋大義判，地獄去。

菩薩蠻・記呂秀蓮親口說選票用騙

喜上眉梢話當年，口出蓮花民當真；千禧年好High，閨中人上樓。能撈盡量早，莫待紅顏老。作弊再連任，統獨幻夢中。

台灣民主的真相，全靠嘴巴吐蓮花；民主選舉High，人的頭腦呆，一任做四年，上台要備選。政治只好騙，莫怪呂秀蓮。

詠台獨政治魔術幻花吟草

吹牛不犯法，台獨不會垮，入聯中魔爪。獨立成功後，人人大錢花，全球到處耍，人見皮皮剉。騙死人不償命，台獨一定行，老共多少兵？美日對我親。獨立成功後，人人纏萬金，如果要打仗，我們也有兵，別人仔死沒了。

三一九雜感詩鈔

篡國竊位三一九，亂臣賊子真下流；
魑魅魍魎皆是鬼，祖宗大義前蒙羞。
去年今日彈兩顆，作弊手法實在扯；
瞞天過海民眼瞎，英雄志士嘆奈何？

詠歷史輪迴吟草

東寧傷心史，孤島四百秋，中華民族淚，神州一統光。
台灣入聯錯，兩岸一家人，中國統一後，何愁沒朋友。

台灣再熬有幾秋，地小人稠美日肏；

神州王師快來救，國軍起義裡外好。
國軍使命不能忘，中國統一最輝煌；
紅藍兩軍中國軍，相互合作旺旺旺。

秋日午後雜感

遍地烽火燒，南北大對決，四季哭喊聲，死人知多少？
亂臣賊子囂，正人君子肖，貪污走狗狂，綠色類人狡。

瞞天過海不是罪，作弊造假還不悔；
全家吃錢國庫空，看來只有業相隨。

詠一代歌王余天變節投入台獨陣營

一代歌王搞台獨，吃飽喝足挺貪腐；
晚節不保最難堪，家人記否炎黃族。

詠詩人企業家范揚松先生

揚松戰略大操盤，進出中國有何難？
十二金釵回眸笑，食客個個有盤纏。

陳福成著作全編總目

壹、兩岸關係

決戰閏八月
防衛大台灣
解開兩岸十大弔詭
大陸政策與兩岸關係

貳、國家安全

國家安全與情治機關的弔詭
國家安全與戰略關係
國家安全論壇。

參、中國學四部曲

中國歷代戰爭新詮
中國近代黨派發展研究新詮
中國政治思想新詮
中國四大兵法家新詮：孫子、吳起、孫臏、孔明

肆、歷史、人類、文化、宗教、會黨

神劍與屠刀
中國神譜
天帝教的中華文化意涵
奴婢妾匪到革命家之路：復興廣播電台謝雪紅訪講錄
洪門、青幫與哥老會研究

伍、詩〈現代詩、傳統詩〉、文學

幻夢花開一江山
赤縣行腳・神州心旅
「外公」與「外婆」的詩
尋找一座山
春秋記實
性情世界
春秋詩選
八方風雲性情世界
古晟的誕生
把腳印典藏在雲端
從魯迅文學醫人魂救國魂說起
六十後詩雜記詩集

陸、現代詩（詩人、詩社）研究

三月詩會研究
我們的春秋大業：三月詩會二十年別集
中國當代平民詩人王學忠
讀詩稗記
嚴謹與浪漫之間
一信詩學研究：解剖一隻九頭詩鵠
囚徒
胡爾泰現代詩臆說
王學忠籲天詩錄

柒、春秋典型人物研究、遊記

山西芮城劉焦智「鳳梅人」報研究
在「鳳梅人」小橋上
我所知道的孫大公

為中華民族的生存發展進百書疏
金秋六人行
漸凍勇士陳宏

捌、小說、翻譯小說

迷情・奇謀・輪迴、
愛倫坡恐怖推理小說

玖、散文、論文、雜記、詩遊記、人生小品

一個軍校生的台大閒情
古道・秋風・瘦筆
頓悟學習
春秋正義
公主與王子的夢幻、
洄游的鮭魚
男人和女人的情話真話
台灣邊陲之美
最自在的彩霞
梁又平事件後

拾、回憶錄體

五十不惑
我的革命檔案
台大教官興衰錄
迷航記、
最後一代書寫的身影
我這輩子幹了什麼好事
那些年我們是這樣寫情書的
那些年我們是這樣談戀愛的
台灣大學退休人員聯誼會第九屆理事長記實

拾壹、兵學、戰爭

孫子實戰經驗研究
第四波戰爭開山鼻祖賓拉登

拾貳、政治研究

政治學方法論概說
西洋政治思想史概述
中國全民民主統一會北京行
尋找理想國：中國式民主政治研究要綱

拾參、中國命運、喚醒國魂

大浩劫後：日本 311 天譴說
日本問題的終極處理
台大逸仙學會

拾肆、地方誌、地區研究

台中開發史
台北公館台大地區考古・導覽
台北的前世今生
台北公館地區開發史

拾伍、其他

英文單字研究
與君賞玩天地寬（文友評論）
非常傳銷學
新領導與管理實務

2015 年 9 月後新著

編號	書　　名	出版社	出版時間	定價	字數(萬)	內容性質
81	一隻菜鳥的學佛初認識	文史哲	2015.09	460	12	學佛心得
82	海青青的天空	文史哲	2015.09	250	6	現代詩評
83	為播詩種與莊雲惠詩作初探	文史哲	2015.11	280	5	童詩、現代詩評
84	世界洪門歷史文化協會論壇	文史哲	2016.01	280	6	洪門活動紀錄
85	三搞統一：解剖共產黨、國民黨、民進黨怎樣搞統一	文史哲	2016.03	420	13	政治、統一
86	緣來艱辛非尋常－賞讀范揚松仿古體詩稿	文史哲	2016.04	400	9	詩、文學
87	大兵法家范蠡研究－商聖財神陶朱公傳奇	文史哲	2016.06	280	8	范蠡研究
88	典藏斷滅的文明：最後一代書寫身影的告別紀念	文史哲	2016.08	450	8	各種手稿
89	葉莎現代詩研究欣賞：靈山一朵花的美感	文史哲	2016.08	220	6	現代詩評
90	臺灣大學退休人員聯誼會第十屆理事長實記暨 2015～2016 重要事件簿	文史哲	2016.04	400	8	日記
91	我與當代中國大學圖書館的因緣	文史哲	2017.04	300	5	紀念狀
92	廣西參訪遊記（編著）	文史哲	2016.10	300	6	詩、遊記
93	中國鄉土詩人金土作品研究	文史哲	2017.12	420	11	文學研究
94	暇豫翻翻《揚子江》詩刊：蟾蜍山麓讀書瑣記	文史哲	2018.02	320	7	文學研究
95	我讀上海《海上詩刊》：中國歷史園林豫園詩話瑣記	文史哲	2018.03	320	6	文學研究
96	天帝教第二人間使命：上帝加持中國統一之努力	文史哲	2018.03	460	13	宗教
97	范蠡致富研究與學習：商聖財神之實務與操作	文史哲	2018.06	280	8	文學研究
98	光陰簡史：我的影像回憶錄現代詩集	文史哲	2018.07	360	6	詩、文學
99	光陰考古學：失落圖像考古現代詩集	文史哲	2018.08	460	7	詩、文學
100	鄭雅文現代詩之佛法衍繹	文史哲	2018.08	240	6	文學研究
101	林錫嘉現代詩賞析	文史哲	2018.08	420	10	文學研究
102	現代田園詩人許其正作品研析	文史哲	2018.08	520	12	文學研究
103	莫渝現代詩賞析	文史哲	2018.08	320	7	文學研究
104	陳寧貴現代詩研究	文史哲	2018.08	380	9	文學研究
105	曾美霞現代詩研析	文史哲	2018.08	360	7	文學研究
106	劉正偉現代詩賞析	文史哲	2018.08	400	9	文學研究
107	陳福成著作述評：他的寫作人生	文史哲	2018.08	420	9	文學研究
108	舉起文化使命的火把：彭正雄出版及交流一甲子	文史哲	2018.08	480	9	文學研究

109	我讀北京《黃埔》雜誌的筆記	文史哲	2018.10	400	9	文學研究
110	北京天津廊坊參訪紀實	文史哲	2019.12	420	8	遊記
111	觀自在綠蒂詩話：無住生詩的漂泊詩人	文史哲	2019.12	420	14	文學研究
112	中國詩歌墾拓者海青青：《牡丹園》和《中原歌壇》	文史哲	2020.06	580	6	詩、文學
113	走過這一世的證據：影像回顧現代詩集	文史哲	2020.06	580	6	詩、文學
114	這一是我們同路的證據：影像回顧現代詩題集	文史哲	2020.06	540	6	詩、文學
115	感動世界：感動三界故事詩集	文史哲	2020.06	360	4	詩、文學
116	印加最後的獨白：蟾蜍山萬盛草齋詩稿	文史哲	2020.06	400	5	詩、文學
117	台大遺境：失落圖像現代詩題集	文史哲	2020.09	580	6	詩、文學
118	中國鄉土詩人金土作品研究反響選集	文史哲	2020.10	360	4	詩、文學
119	夢幻泡影：金剛人生現代詩經	文史哲	2020.11	580	6	詩、文學
120	范蠡完勝三十六計：智謀之理論與全方位實務操作	文史哲	2020.11	880	39	戰略研究
121	我與當代中國大學圖書館的因緣（三）	文史哲	2021.01	580	6	詩、文學
122	這一世我們乘佛法行過神州大地：生身中國人的難得與光榮史詩	文史哲	2021.03	580	6	詩、文學
123	地瓜最後的獨白：陳福成長詩集	文史哲	2021.05	240	3	詩、文學
124	甘薯史記：陳福成超時空傳奇長詩劇	文史哲	2021.07	320	3	詩、文學
125	芋頭史記：陳福成科幻歷史傳奇長詩劇	文史哲	2021.08	350	3	詩、文學
126	這一世只做好一件事：為中華民族留下一筆文化公共財	文史哲	2021.09	380	6	人生記事
127	龍族魂：陳福成籲天錄詩集	文史哲	2021.09	380	6	詩、文學
128	歷史與真相	文史哲	2021.09	320	6	歷史反省
129	蔣毛最後的邂逅：陳福成中方夜譚春秋	文史哲	2021.10	300	6	科幻小說
130	大航海家鄭和：人類史上最早的慈航圖證	文史哲	2021.10	300	5	歷史
131	欣賞亞媺現代詩：懷念丁穎中國心	文史哲	2021.11	440	5	詩、文學
132	向明等八家詩讀後：被《食餘飲後集》電到	文史哲	2021.11	420	7	詩、文學
133	陳福成二〇二一年短詩集：躲進蓮藕孔洞內乘涼	文史哲	2021.12	380	3	詩、文學
134	中國新詩百年名家作品欣賞	文史哲	2022.01	460	8	新詩欣賞
135	流浪在神州邊陲的詩魂：台灣新詩人詩刊詩社	文史哲	2022.02	420	6	新詩欣賞
136	漂泊在神州邊陲的詩魂：台灣新詩人詩刊詩社	文史哲	2022.04	460	8	新詩欣賞
137	陸官 44 期福心會：暨一些黃埔情緣記事	文史哲	2022.05	320	4	人生記事
138	我躲進蓮藕孔洞內乘涼–2021 到 2022 的心情詩集	文史哲	2022.05	340	2	詩、文學
139	陳福成 70 自編年表：所見所做所寫事件簿	文史哲	2022.05	400	8	傳記
140	我的祖國行腳詩鈔：陳福成 70 歲紀念詩集	文史哲	2022.05	380	3	新詩欣賞

141	日本將不復存在：天譴一個民族	文史哲	2022.06	240	4	歷史研究
142	一個中國平民詩人的天命：王學忠詩的社會關懷	文史哲	2022.07	280	4	新詩欣賞
143	武經七書新註：中國文明文化富國強兵精要	文史哲	2022.08	540	16	兵書新注
144	明朗健康中國：台客現代詩賞析	文史哲	2022.09	440	8	新詩欣賞
145	進出一本改變你腦袋的詩集：許其正《一定》釋放核能量	文史哲	2022.09	300	4	新詩欣賞
146	進出吳明興的詩：找尋一個居士的圓融嘉境	文史哲	2022.10	280	5	新詩欣賞
147	進出方飛白的詩與畫：阿拉伯風韻與愛情	文史哲	2022.10	440	7	新詩欣賞
148	孫臏兵法註：山東臨沂銀雀山漢墓竹簡	文史哲	2022.12	280	4	兵書新注
149	鬼谷子新註	文史哲	2022.12	300	6	兵書新注
150	諸葛亮兵法新註	文史哲	2023.02	400	7	兵書新注
151	中國藏頭詩(一)：范揚松講學行旅詩欣賞	文史哲	2023.03	280	5	新詩欣賞
152	中國藏頭詩(二)：范揚松春秋大義詩欣賞	文史哲	2023.03	280	5	新詩欣賞
153	華文現代詩三百家	文史哲	2023.06	480	7	新詩欣賞
154	晶英客棧：陳福成詩科幻實驗小說	文史哲	2023.07	240	2	新詩欣賞
155	廣州黃埔到鳳山黃埔：44 期畢業 50 週年暨黃埔建校建軍百年紀念	文史哲	2023.08		5	歷史研究

陳福成國防通識課程著編及其他作品

（各級學校教科書及其他）

編號	書名	出版社	教育部審定
1	國家安全概論（大學院校用）	幼獅	民國 86 年
2	國家安全概述（高中職、專科用）	幼獅	民國 86 年
3	國家安全概論（台灣大學專用書）	台大	（臺大不送審）
4	軍事研究（大專院校用）（註一）	全華	民國 95 年
5	國防通識（第一冊、高中學生用）（註二）	龍騰	民國 94 年課程要綱
6	國防通識（第二冊、高中學生用）	龍騰	同
7	國防通識（第三冊、高中學生用）	龍騰	同
8	國防通識（第四冊、高中學生用）	龍騰	同
9	國防通識（第一冊、教師專用）	龍騰	同
10	國防通識（第二冊、教師專用）	龍騰	同
11	國防通識（第三冊、教師專用）	龍騰	同
12	國防通識（第四冊、教師專用）	龍騰	同

註一　羅慶生、許競任、廖德智、秦昱華、陳福成合著，《軍事戰史》（臺北：全華圖書股份有限公司，二〇〇八年）。

註二　《國防通識》，學生課本四冊，教師專用四冊。由陳福成、李文師、李景素、頊臺民、陳國慶合著，陳福成也負責擔任主編。八冊全由龍騰文化事業股份有限公司出版。